Kinder fordern uns heraus
Ratgeber für die Familie bei Klett-Cotta

Alle Erziehungsratgeber aus der Reihe „Kinder fordern uns heraus" finden Sie unter: www.klett-cotta.de/erziehung

Annalisa Neumeyer

Wie Zaubern Kindern hilft

KLETT-COTTA

Anna-Elisabeth Neumeyer, Dipl. Sozialpädagogin, ist appro-
bierte Kinder- und Jugendlichenpsychotherapeutin, Therapeu-
tin für Klinische Hypnose (M.E.G.), sowie Urheberin des Thera-
peutischen Zauberns®, und tritt bei Zahnärztekammern und inter-
nationalen Kongressen, an psychotherapeutischen Instituten und
an Ausbildungs-Instituten für Klinische Hypnose (M.E.G.) als
Referentin auf. Sie leitet eine Praxis für Kinder- und Jugendlichen Psychotherapie, sowie Klinische Hypnose bei Erwachsenen.
2004 wurde Anna-Elisabeth Neumeyer von der Zeitschrift
„Für Sie" unter die 50 tollsten Frauen des Jahres in der Kategorie
„Innovative Frauen" gewählt.
Kontakt: www.Therapeutisches-Zaubern.de

Der Begriff Therapeutisches Zaubern® ist urheberrechtlich wie
auch markenrechtlich beim Deutschen Marken- und Patentamt
unter RegisterNr. 305241540 geschützt.

Klett-Cotta
www.klett-cotta.de
© 2003 by J. G. Cotta'sche Buchhandlung Nachfolger GmbH,
gegr. 1659, Stuttgart
Alle Rechte vorbehalten
Printed in Germany
Umschlag: Klett-Cotta-Design
Fotografie © Yuganow Konstantin / Shutterstock
Gesetzt aus der 10 Punkt Melior von Elstersatz, Wildflecken
Gedruckt und gebunden von Esser printSolutions GmbH, Bretten
ISBN 978-3-608-94599-7

5. Auflage, 2017

Bibliographische Information der Deutschen Nationalbibliothek
Die Deutsche Nationalbibliothek verzeichnet diese Publikation
in der Deutschen Nationalbibliographie; detaillierte bibliographische Daten sind im Internet über http://dnb.d-nb.de abrufbar.

Inhaltsverzeichnis

Offener Brief an alle Eltern

Liebe Zaubermütter und liebe Zauberväter, liebe Eltern und liebe Zweit-Eltern, die Sie ganz überraschend mit einem Lebenspartner oder einer Lebenspartnerin zugleich ein oder mehrere Kinder gewonnen haben,

seit nunmehr zwölf Jahren wird meine pädagogisch-therapeutische Arbeit mit Kindern und ihren Eltern durch das Medium Zaubern bereichert. Zaubern fördert bei jungen und erwachsenen Zauberlehrlingen unterschiedlichste Fähigkeiten – wie zum Beispiel die Feinmotorik, die Fähigkeit, Handlungen zu planen, und die Konzentrationsfähigkeit – sowie die Persönlichkeitsentwicklung – höheres Selbstwertgefühl und mehr Selbstsicherheit.

Gerade in letzter Zeit hat für mich das gemeinsame Eltern-Kind-Zaubern einen noch größeren Stellenwert bekommen. In vielen Situationen habe ich anrührend mehr Nähe und Gemeinsamkeit zwischen Eltern und Kindern erfahren. „So viel Spaß haben wir schon lange nicht mehr miteinander gehabt", ist die Aussage eines Vaters, dessen Kind hyperaktives unkonzentriertes Verhalten zeigt, was zu großen Spannungen innerhalb der Familie führte. Deshalb schreibe ich dieses Buch für alle Eltern, die sich mehr Freude und gemeinsames, lustvolles Tun in der Familie wünschen.

Diesem Wunsch kommen Sie näher, wenn mein Buch Sie dazu anregen kann, gemeinsam zu zaubern oder Zauberkunststücke gemeinsam zu erarbeiten. Es enthält Zauberkunststücke für Kinder, Jugendliche und Erwachsene.

Aber Halt: Sie als Eltern sind – bevor Sie Zaubermeisterinnen und Zaubermeister werden – die Hüterinnen und Hüter der Zauberkunststücksammlung dieses Buches. Manche Zauberkunststücke sind nur für ältere Kinder oder nur für Erwachsene geeignet. Es ist verführerisch, Zaubertricks „einfach so" oder „mal zwischendurch" weiterzugeben. Jede Zauberei kann jedoch ihre Wirkung nur entfalten, wenn aus der Trickhandlung ein Zauberkunststück wird. Führen Sie keine Tricks vor, sondern verzaubern Sie Ihre Verwandtschaft und Freunde. Wie das – auch mit einfachsten Trickhandlungen – geht, das ist Hauptanliegen dieses Buches.

> *„Die Kunst zu zaubern besteht nicht so sehr darin, wunderbare Dinge zu vollbringen, als darin, die Zuschauer zu überzeugen, daß wunderbare Dinge geschehen."*
>
> (Robert Houdin, der „Vater der modernen Magie", zitiert nach Adrion 1978)

Manchmal sind Zauberkunststücke, die nie entschlüsselt wurden, ein richtiger Schatz. Simone de Beauvoir schreibt in der Erinnerung an ihren Vater, daß ihr ganz besonders im Gedächtnis blieb und immer wieder deutlich vor Augen steht, wie er beim Nachhausekommen Münzen aus ihrer Nase zaubern konnte.

Lassen Sie Achtsamkeit walten bei der Auswahl der Zauberkunststücke: Jüngere Kinder, die noch ganz in einer Zauberwelt leben, verstehen die Zauberkunststücke als echte Zauberei. Diese Sichtweise ist nicht nur einfach schön, sondern auch eine gute Möglichkeit, die undurchschaubare und manchmal auch belastende Welt ein wenig zu vereinfachen.

Für sie gibt es im Buch unterschiedlichste Anregungen, wie sie als Zauberassistenz aktiv mit einbezogen werden können. Für Kinder im Vorschulalter ist es etwas Wunderbares, eine Zaubermama oder einen Zauberpapa zu haben. Damit kommt eine so geheimnisvoll schöne Atmosphäre in die Familie. Ein Kind sagte es so: „Zaubern ist wie Weihnachten das ganze Jahr!".

Etwas älteren Kindern von etwa fünf bis sechs Jahren verrate ich auch noch keine Trickgeheimnisse. Sie können jedoch ganz gezielt einfache Bastelkunststücke und Zauberkunststücke ohne Trickgeheimnis erlernen. Beispiele hierfür finden sich in: Die magische Schneiderwerkstatt (Kap. 2).

Kinder ab etwa sechs Jahren erwerben mehr und mehr die Fähigkeiten, ihre Perspektive zu wechseln, neue Sichtweisen zu erfahren und zu überprüfen und sich in andere hineinzuversetzen. Sie wollen Dingen auf den Grund gehen und analysieren und stellen auch bei Zauberkunststücken oft als erstes die Frage „Wie geht das?".

Zu schade, wenn dies dazu führen würde, viele Trickhandlungen zu lernen, und diese ohne das gewisse magische Etwas „mal schnell" vorzuführen. Nutzen und fördern Sie vielmehr die Freude am Schauspielern und Sich-Darstellen, die Kinder dieses Alters oft noch ganz natürlich haben. In diesem Buch finden Sie kindgerechte, magische Präsentationsmöglichkeiten zum Beispiel zum Hellsehen in den Kapiteln 4 und 12.

Bei der Arbeit mit Kindern und Familien, zum Beispiel in den Eltern-Kind-Zauberprojekten, rührt es mich immer wieder an, welch hoch konzentrierte und freudig gespannte Atmosphäre beim Erlernen eines Zauberkunststückes entsteht, wie viel Nähe spürbar wird, wenn Eltern mit ihren Kindern in diesen Zauber eintauchen. Das ist selbst bei Kindern, die sonst als sehr unruhig und ungeduldig erlebt werden, wahrzunehmen.

Dieses gemeinsame, konzentrierte Tun und Spielen

ermöglicht, sich in der Familie anders zu spüren, und macht viel Spaß.

Wenn Sie gleich mit dem aktiven Zaubern loslegen wollen, ohne zuvor das ganze Buch gelesen zu haben, bitte ich Sie, die goldenen Zauberregeln (Kap. 5) sowie die Tips und Ideen für die Zauberpraxis (Kap. 11) zu beachten: Sie machen den Unterschied zwischen Tricks und Zauberkunststücken aus und erhalten Ihnen und den von Ihnen Bezauberten den Zauber des Zauberns.

Ich wünsche Ihnen viele lebendige, geheimnisvolle und zauberhafte Stunden mit Ihren Kindern.

1 Wie Sie eine zauberhafte Familie werden

Welche Eltern kennen diese Situation nicht? Endlich sind alle Arbeiten erledigt und alle könnten gemeinsam etwas unternehmen. Es liegt eher Streit als Entspannung in der Luft und alle Ideen, was man zusammen machen könnte, werden mit einem gähnenden „Laaangweieieilig!" von mindestens einem Familienmitglied quittiert.

Oder noch schlimmer: Oma hat Geburtstag und der Sonntag, an dem alle sonst draußen rumtoben, findet im Nebenzimmer eines Restaurants statt. Essen, trinken, reden, „nervige" Kinder, erste umgefallene Gläser, unruhige Eltern.

Wie schön wäre es jetzt, einfach was ganz anderes zu tun, ein wenig Spaß und Spannung miteinander zu erleben, ein wenig in eine andere Welt einzutauchen.

Zauberhaft!

Zauberhaft? Warum nicht den Zaubergeist in die Familie holen?

Zaubern fasziniert Kinder enorm. Es hat hohen Aufforderungscharakter. Kinder und Erwachsene aller Altersstufen können gemeinsam zaubern. Als Stärkung des Zusammenhalts der Familie, als belebendes Element bei einer Familienfeier. Wenn ein Kind krank ist. Als Möglichkeit, in spaßiger und lebendiger Atmosphäre Fähigkeiten und Stärken zu zeigen und zu erleben. Besonders Kinder, die – manchmal so anstrengend – im Mittelpunkt stehen wollen, tun dies mit dem Zaubern auf für alle genußvolle Weise. Und dabei müssen keine aufwendigen Vorbereitungen sein. Es gibt auch Zauberkunststücke, die wirklich beeindruckend zauberleicht sind.

Aus pädagogisch-therapeutischer Sicht werden beim Zaubern auf wunderbare Weise soziale Kompetenzen, Koordinations- und Wahrnehmungsfertigkeiten sowie kognitive Fähigkeiten gefördert. Deshalb finden Sie bei vielen Zauberkunststücken den Absatz Was schenkt die Zauberfee?, in dem beschrieben wird, was gelernt und gefördert wird.

Zaubern ist in der Familie ein wunderbares „Spiel", an dem große und kleine Familienmitglieder gemeinsam Spaß haben und das das Gefühl von Zusammengehörigkeit stärkt. Entweder als Zauberer oder als Zuschauer. Der große Bruder zaubert für die kleine Schwester, der Vater mit seinem Sohn, der am Wochenende zu Besuch kommt. Immer wieder überrascht die Intensität und die Durchhaltefähigkeit, mit der Kinder und Erwachsene sich Zauberkunststücke erarbeiten. Selbst sonst sehr unruhige Kinder sind durch dieses faszinierende Medium in der Lage, lange bei der Sache zu bleiben.

Zaubern ist grundsätzlich ein Kommunikationsmedium, lebt in der Interaktion mit den Zuschauenden. Es ist ein spielerischer, oft ganz gezielt anders gestalteter Kontakt, bei dem Zauberer und Zauberinnen andere Rollen spielen und sich und die anderen dadurch auch neu entdecken dürfen. Mutter versorgt nicht die Kinder, sondern wird von diesen „bezaubert" oder wird als geheimnisvolle Zauberin von der Rasselbande anders wahrgenommen. Die Zehnjährige wächst an ihrer Rolle als „Magierin".

Es ist für alle in der Familie eine Bereicherung, wenn Eltern und Kinder sich neu und anders erfahren: Sie erweitern spielerisch ihr Verhaltens- und Kommunikationsrepertoire und der gemeinsam erlebte Zauber verbindet enorm.

Manchmal werden so selbst schwierige Erziehungssituationen leichter, lassen sich sozusagen mit dem Zauberstab leichter lösen als mit dem Zeigefinger.

Zaubern mit Lego-Steinen

(Trickhandlung aus „Abrakadabra mit deinen Steinen" von Jette Bak und Hans-Henrik Ley, 1986)

Effekt: Das Zauberkind findet heraus, welcher von vier bis fünf Legosteinen in seiner Abwesenheit um die eigene Achse gedreht wurde.

Schwierigkeitsgrad:

Alter: 7–99 Jahre

Präsentation: „*Lieber Papa, weißt Du schon, daß ich als Dein Zauberkind eine so wunderbare Nase habe, daß ich genau erriechen kann, welchen Lego-Stein Du angefaßt hast?*

Schau, hier lege ich fünf Steine genau in eine Reihe. Wenn ich jetzt raus gehe, darfst Du einen Stein um sich selbst drehen, schau, ich zeige Dir mal wie!

So, aber vorher muß ich noch ein wenig an Deiner Hand schnuppern, damit ich mir Deinen Duft merken kann. Und Du läßt den Stein in der Hand – genau bis sieben zählen, bitte.

Alles klar? Dann gehe ich mal raus." (Das Kind geht hinaus, der Stein wird umgedreht, das Kind kommt wieder herein.)

„Na, soll ich mal riechen?" Genüßlich und ausführlich wird Stein für Stein beschnuppert und das Zauberkind findet den vom Vater verdrehten Stein.

Das Geheimnis wird gelüftet: Auf fast allen Lego-Steinen ist der Schriftzug „Lego" eingeprägt. Beim Hinlegen der Steine achtet das Zauberkind darauf, daß diese Schriftzüge alle in der gleichen Richtung sind. Beim verdrehten Legostein steht also der Schriftzug im Vergleich zu den anderen Steinen auf dem Kopf.

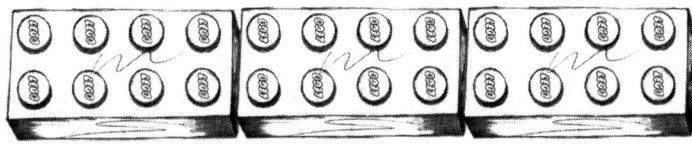

Tip: Eine gute Hilfe ist es für das Kind, wenn es sich die Steine vor dem Zaubern so aufeinandergesteckt hat, daß die Schrift in eine Richtung schaut. So kann es die Steine ganz nebenbei und locker richtig auf die Zauberunterlage legen.

Was schenkt die Zauberfee? Dieses kleine und feine Zauberkunststück ist ideal geeignet, nicht nur, um bei einem Familienfest die Verwandtschaft freudig zum Rätseln zu bringen, sondern oft auch im zwischendurch grauen Alltag, um einem knatschigen Kind wieder etwas gute Laune und eine nette zwischenmenschliche Beschäftigung zu schenken. Ganz nebenbei ist es eine Herausforderung an die Konzentration.

Variation: Warum sollte nicht auch einmal der Opa seinem Enkelkind zeigen, welch wunderbar feine Nase man als älterer Herr noch haben kann?

Beim Zaubern wird in besonderer, magischer Stimmung oft über Materialien Kontakt zu anderen aufgenommen. Dies macht es selbst sonst eher uninteressierten oder unsicheren Kindern leichter, auf andere zuzugehen. Gerade etwas steife Familienfeiern können so lebendiger werden und für alle mehr freudiges Miteinander ermöglichen.

Sozusagen „ganz nebenbei" werden durch das Erlernen und Präsentieren von Zauberkunststücken unterschiedlichste Fähigkeiten gefördert – beim Vorschulkind, beim Schulkind, bei so manchem lustlosen Jugendlichen und auch noch beim Erwachsenen.

Sogar Oma oder Opa, die sich entweder geistig fit halten möchten, oder einfach nur Enkelkinder oder andere Omas und Opas verzaubern möchten, finden Freude am Erlernen von Kunststücken. Teilweise kann dies auch als Ergänzung zu physiotherapeutischen Übungen bei chronischen Krankheiten wie Rheuma oder Gicht die Beweglichkeit der Finger und Hände erhalten helfen.

Natürlich können alle Familienmitglieder ganz ihrem Alter und ihren Interessen entsprechend anders zaubern und/ oder bezaubert werden.

„Als ich vier Jahre alt war, fuhr meine Familie im Sommer manchmal ins Autokino. Am besten gefiel mir daran, daß ich eine ganze Schachtel Popcorns für mich allein bekam – wahrscheinlich, damit ich beschäftigt war, denn von den Filmen verstand ich sicher nicht viel. Ich erinnere mich an den traurigen Augenblick, wenn die Schachtel begann, eher leer als voll auszusehen. Bei dem Gedanken, daß die Popcorns nun immer weniger würden und ich dann bald überhaupt keine mehr hätte, fing ich an, meinen Unmut zu äußern. Es war sicher nicht die

reine Freude, mich dabei zu haben. Meine Mutter vollführte dann jedes Mal einen erstaunlichen Zaubertrick. Sie nahm mir die Schachtel ab, in der sich die Popcorns festgesetzt hatten, schloß den Deckel, murmelte einen Zauberspruch und schüttelte. Dann bekam ich die Schachtel zurück. Natürlich waren die Popcorns nur lockerer geworden, ich aber stellte erleichtert fest, daß sich die Menge nun in umgekehrter Richtung veränderte. Statt weniger waren es nun wieder mehr."

(Robert Kegan, 1991, S. 49)

Kinder im Vorschulalter leben im sogenannten magischen Alter. Eltern kennen viele Situationen, in denen dies besonders schön zu beobachten ist. Der dreijährige Pascal erzählt, daß er den Tiger überlistet und ihm einen Stock an den Schwanz gebunden hat. Die fünfjährige Lena freut sich über das kleine Reh, das immer unter ihrem Fenster sitzt. Für Kinder unter sieben Jahren ist die Welt verwunderlich belebt und Vorstellung und Träume für sie nur eine etwas andere Art von Realität.

Wie schön ist es, wenn Eltern sich über diese Wunderwelt freuen, ein Stück darin eintauchen und sie mitbeleben können.

Für Kinder im magischen Alter gibt es keine Zaubertricks, das Zaubern ist real. Ihnen Trickhandlungen beizubringen, nähme ihnen ein Stück ihrer Weltsicht. Kinder im Vorschulalter freuen sich, wenn ihnen jemand „vorzaubert" und assistieren gerne, wollen manchmal auch selber zaubern. Für sie sind ganz besonders solche Zauberkunststücke geeignet, die ihnen ihre Weltsicht lassen, aber auch ihr Bedürfnis befriedigen, Zauberer oder Zauberin zu sein – das sind Zauberkunststücke ohne Trickgeheimnis. Diese nenne ich „Bastelkunststücke": Durch eine bestimmte, vorgegebene Bearbeitung eines teilweise vorbereiteten Materials entstehen aufgrund physikalischer Gesetze verblüffende Effekte – Beispiele dazu im Kap. „Die magische Schneiderwerkstatt" (S. 24), des Weiteren sind im Serviceteil einige Bücher speziell zu diesem Thema aufgeführt.

Wenn Kinder älter werden, verliert das magische Weltbild an Bedeutung. Kinder im Grundschulalter fangen an, den Dingen auf den Grund zu gehen. Sie sind oft ganz besonders begierig herauszufinden, wie „das geht", und sehr aufmerksame und kritische Zuschauer. Jetzt sind sie auch in der Lage und stolz darauf, ein Zaubergeheimnis zu bewahren.

Jugendliche interessieren sich vor allem für Kartenkunststücke, die sie, wie Knobelspiele auch, in der Runde mit Freunden und Freundinnen zum Besten geben können. Fasziniert sind sie oft auch von Zauberkunststücken, die Gleichgewichtsfähigkeiten, Körperkoordination und Krafteinsatz erfordern und zeigen (wie zum Beispiel beim Spektakel um vier unsichtbare Stühle, Kap.12, S. 107).

Ritual, um innere Kraft und Stärke zu entdecken

Wenn ich mit Kindern arbeite, wecke ich in ihnen ihren „inneren Zauber":

„Jedes Kind hat in seinem Bauch eine Zauberperson, die Mädchen eine Zauberin, die Jungen einen Zauberer. Und manchmal schlafen die schon lange. Heute ist der Tag, an dem wir Eure Zauberinnen und Zauberer wecken."

Alle Kinder, besonders zurückhaltende, ängstliche und mißerfolgsorientierte, erleben so einen positiven Neuanfang. Ich bin davon überzeugt, daß jedes Kind einen inneren Schatz hat, das Wissen um die eigene Stärke und seine Fähigkeiten. Bei manchen Kindern wurde im Laufe der Zeit dieser innere Schatz verschüttet, so daß sie wenig an sich glauben und eher ihr Nicht-Können im Vordergrund steht als ihr Können. Das Wecken der inneren Zauberin und des inneren Zauberers hilft dem Kind von diesem Zeitpunkt an, seine Blickrichtung auf eigene Fähigkeiten und Stärken zu richten. Die imaginäre Figur dient als eine Art Bild, das positive Vorstellungen und Ideen von sich selbst sammelt und konzentriert. Es ist die Vorstellung der eigenen, inneren Kraft.

Das Wecken der inneren Zauberin, des inneren Zauberers erlebe ich bei vielen Kindern geradezu so, als würde ein Schalter umgelegt werden. Sie blühen regelrecht auf, gewinnen eine neue, hoffnungsvolle Haltung.

Der Glaube an eigene Fähigkeiten in einem spielerischen Moment stärkt so sehr, daß Kinder in ihren eigenen Ideenreichtum einsteigen und mit einem veränderten Gefühl sich selbst gegenüber Neues erfahren und erlernen können. Dies ist für manche Kinder der Ausstieg aus dem Teufelskreis „Ich kann nichts!" und der Einstieg in das Erleben „Ich kann etwas!".

Die Zauberinnen und Zauberer erwähne ich immer wieder, so daß die Kinder den Glauben an sich selbst festigen können. Unterstützt wird dieser Prozeß immer wieder auch in den Zauberkunststücken, besonders gezielt bei speziellen, zum Beispiel bei die allerstärksten Kinder aus der Zauberschule (Kap. 12, S. 123).

Übrigens: Sie, liebe Leserin und lieber Leser, haben auch eine innere Zauberin oder einen inneren Zauberer, die oder der genau um Ihre Stärken und Fähigkeiten weiß – hellwach, schlummernd oder gerade dabei, aufzuwachen: Hat sie oder er beim Lesen vielleicht schon einmal kurz geblinzelt?

Weil Jugendliche verspielte Bilder oft ablehnen, spreche ich mit ihnen nicht vom inneren Zauberer, sondern davon, die „innere Kraft" zu wecken. Ich setze dies auch in Beziehung zum mentalen Training beim Sport wie beispielsweise bei den Skispringern und Radsportlern.

2 Zaubern weckt und stärkt motorische Fertigkeiten

Den meisten Eltern ist wichtig, daß ihr Kind in der Schule gut mitkommt und adäquates Lernverhalten zeigt, manche unterschätzen jedoch die Bedeutung des Lernens mit den Händen.

Viele Kinder erhalten (zu) viele Reize über die Augen und die Ohren; sie werden sowohl in der Schule als auch im Elternhaus im visuellen und im auditiven Bereich gefordert und gefördert. Dabei kommt oft die Motorik zu kurz, denn vielen Eltern ist nicht bewußt, was ein Kind alles lernt, wenn es mit seinen Händen etwas austüfteln muß, und wie es durch den konkreten Umgang mit Materialien gerade auch seine kognitiven Fähigkeiten für die Schule fördert.

Als Heilpädagogin habe ich besonders bei Kindern mit Lernproblemen erlebt, wie wenig Erfahrung und Übung sie in der Körpermotorik und speziell in der Handmotorik hatten. Bei den Zauberkunststücken aus die magische Schneiderwerkstatt beispielsweise fiel immer wieder auf, wie schwierig es für manche Kinder selbst im Schulalter ist, ein Kreppband zusammenzukleben. Diese Kinder brauchen mehr Lernerfahrungen über ihren Körper und ihre Hände.

Die Montessori-Pädagogik legt viel Wert darauf, daß Kinder in der Bewegung lernen können. In der Vorschulpädagogik gibt es deshalb viele Übungen zum Alltag. Kinder schütten beispielsweise stundenlang Wasser von einem Behälter in andere oder spielen mit Gewichten und lernen so den Umgang mit verschiedenen Materialien.

Mit dem Motto „Hilf mir, es selbst zu tun" bekommen

Kinder einen Experimentierraum, in dem in der Regel das Material selbst Antwort darüber gibt, ob das Experiment gelungen ist oder nicht, so daß sehr selbstbestimmte und selbstbewußte Handlungen möglich sind.

Analog dazu gibt beim Zaubern das Material Lernanreize und Rückmeldung darüber, ob die Aufgabe gut erfüllt wurde.

Auch im Familienalltag unterstützen Sie Ihr Kind in seinem ganzen Entwicklungsprozeß – auch im Lernen –, wenn Sie es dazu anregen, viele Dinge selbst zu tun und im Haushalt und beim Handwerken an möglichst vielen Tätigkeiten selbst aktiv teilzunehmen: Wäsche aufhängen, Dinge (auch wenn sie aus Glas sind) auf- und abtragen, beim Reifen flicken assistieren und dergleichen mehr.

> *„Gerade in der Auseinandersetzung mit der Hand wird offensichtlich, daß die Entwicklung des menschlichen Denkens ohne das Funktionieren des menschlichen Körpers nicht nachzuvollziehen ist. ... Philosophen und Wissenschaftler, die leichtfertig der Hände Arbeit geringschätzen, müssen sich den Vorwurf der Doppelbödigkeit gefallen lassen. So reden sie beispielsweise über Maßstäbe und Uhren, als hätte es diese und die mit ihnen verbundenen Konzepte von Raum und Zeit schon immer gegeben. Dabei verdanken sich Maßstäbe und Uhren gerade dem Geschick der von den Kopfarbeitern verachteten Klasse.“*
>
> (Marco Wehr und Martin Weinmann, 1999, S. 12 ff)

In fast allen Zauberkunststücken werden motorische und koordinatorische Fähigkeiten benötigt, geübt und damit gefördert. Zaubern erfordert ritualisierte, exakte Handlungsabläufe, die geübt werden müssen. Es ist sinnvoll, Zaubermaterialien selbst zu basteln: Bei ihrer Herstellung werden Planung und Durchführung von Handlungsabläufen genauso trainiert wie die Fingerfertigkeit.

Gerade Kinder, die manchmal ungeschickt sind und Aufgaben, welche Körperkoordination, und/oder Grob- und Feinmotorik erfordern, verweigern oder mit Widerwillen angehen, merken beim Zaubern oft gar nicht, wie sie den Bereich, den sie sonst meiden, intensiv trainieren. Das Geheimnisvolle am Zaubern und das Kunststück, das scheinbar Unmögliche möglich zu machen, gibt so viel motivierende Energie. Mit der Vorbereitung eines Zauberauftrittes oder eines Zauberkunststückes betritt der Zauberlehrling eine magische faszinierende Welt. Aus meiner Sicht ist dies das entscheidende Moment, wieso Kinder ganz anders motiviert und konzentriert handeln können. Am meisten Spaß macht es natürlich, wenn zwei oder mehr Familienmitglieder zusammen ihre Zauberkisten fertigen und dabei schon die Vorfreude auf den Auftritt gemeinsam genießen.

Die magische Schneiderwerkstatt

Effekt: Mit „Zauberscheren" verwandeln die Zauberschüler einen Papierring in magische „Handschellen"; einen anderen Ring in einen riesengroßen; zwei Ringe werden in ein Quadrat verwandelt und eine Postkarte so verzaubert, daß ein Erwachsener hindurchsteigen kann.

Schwierigkeitsgrad: 🍴🍴

Alter: 5–99 Jahre

24

Präsentation: „*Meine Damen und Herren, Sie bekommen nun einen kleinen Einblick in eine magische Schneiderzauberschule.*

Wenn ich diesen Ring auseinanderschneide, werden natürlich zwei Ringe daraus. Wenn aber Sofie, die Zauberschülerin, diesen Ring mit ihrer Zauberschere auseinanderschneidet … lassen wir uns überraschen!

Merlin, der Zauberschüler, wird aus zwei Ringen die Quadratur des Kreises schneiden.

Elias ist sogar in der Lage, einen ganz normalen Menschen(!), einen Nichtzauberer(!!), einen Zauberungläubigen(!!!) durch diese Postkarte steigen zu lassen. Welcher Nichtzauberer nimmt diese Wette an? Steigen Sie hindurch?"

(Zum Publikum gewandt:) „*Sie sind der magische Chor und singen während des Schneidens: Hex-hex --- schnipp-schnapp, hex-hex --- schnipp-schnapp!*".

Wer Rhythmen mag, kann die Zuschauer anfeuern zum Trommeln oder auch zum Singen als Kanon und dadurch eine sehr heitere Stimmung schaffen.

Die Zauberkinder schneiden und präsentieren ihre Ergebnisse.

„*Sie sehen: Sofie hat aus dem Ring magische Handschellen geschnitten, also nehmen Sie sich in acht! Wenn Sie sich nicht an die Zauberregeln halten, werden Sie festgenommen.*

Merlin hat unser Versprechen eingelöst und aus den zwei Ringen die Quadratur des Kreises geschafft.

Und Elias wird nun vor Ihren Augen den Nichtzauberer durch die Karte steigen lassen."

Das Geheimnis wird gelüftet:

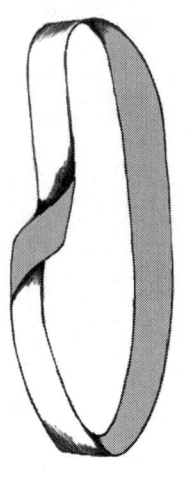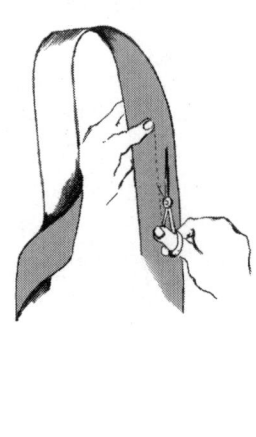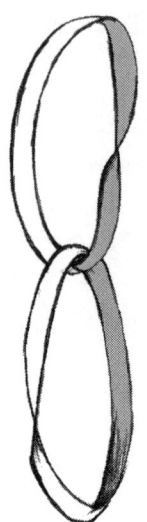

Für die „Handschellen" wird aus Krepp- oder notfalls auch Zeitungspapier ein Streifen von etwa 5 cm Breite und etwa einem Meter Länge geschnitten. Dieser Streifen wird zweimal verdreht und zu einem großen Ring zusammengeklebt. Dieser Ring wird dann der Länge nach in der Mitte durchgeschnitten. Je größer der Ring ist, desto weniger können die Zuschauer die Drehung erkennen.

Bei der „Quadratur des Kreises" werden zwei kleinere Ringe aus etwas festerem Papier (etwa 5 cm breit und 30 cm lang) zuerst mit Papierkleber im Winkel von 90° aufeinandergeklebt und dann der Länge nach in der Mitte auseinandergeschnitten.

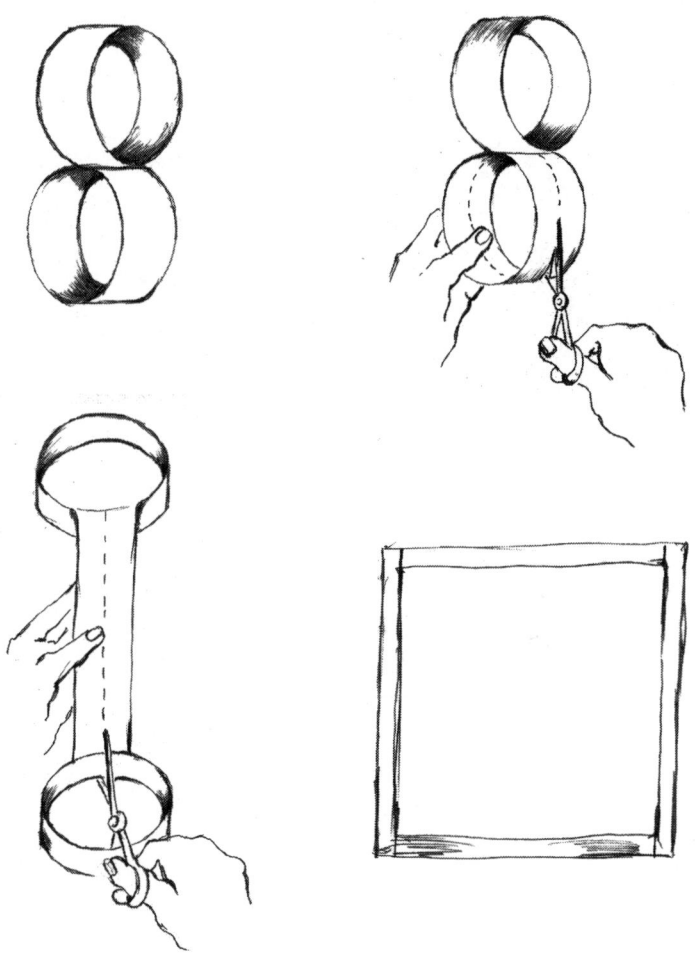

Tip: Gerade für Kinder, denen das Kleben Mühe macht, eignen sich wunderbar alte DIN A4 Briefumschläge. Legen Sie die Umschläge im Querformat vor sich hin und schneiden

Sie dann von unten nach oben zwei Streifen von etwa 5 cm Breite und schon haben Sie zwei Ringe, die Sie nur noch verdreht aufeinander kleben müssen. Durch das feste Papier des Umschlags springen die Ringe gut zum Rahmen auf.

Die verwandelte Postkarte wird längs gefaltet; dann schneidet der Zauberschüler auf der Mitte des Umbruchs ein Loch, klappt die Karte auf und schneidet mit der Schere bis etwa einen halben Zentimeter vor den Rand in beide Richtungen.

Dann faltet er die Karte wieder zusammen und schneidet von der offenen Seite her parallele Schnitte senkrecht zur Längskante und bis einen halben Zentimeter vor dem Umbruch.

Er dreht die Karte um und setzt neue Schnitte genau zwischen die der Gegenseite, wieder bis etwa einen halben Zentimeter vor dem Rand.

Jetzt hält er die Karte noch zusammen und erst, wenn der Zauberlehrling seine Zauberpuste wirken läßt, zieht er die Karte zu einem Kreis auseinander und läßt den Zuschauer hindurchsteigen. Als Erinnerung bekommt der Zuschauer die Karte als Kette um den Hals gehängt.

Tip: Für Kinder, die mit dem Schneiden noch wenig Erfahrung haben, ist es sehr hilfreich, wenn die Schneidelinien mit zwei verschiedenen Farben vorgezeichnet sind.

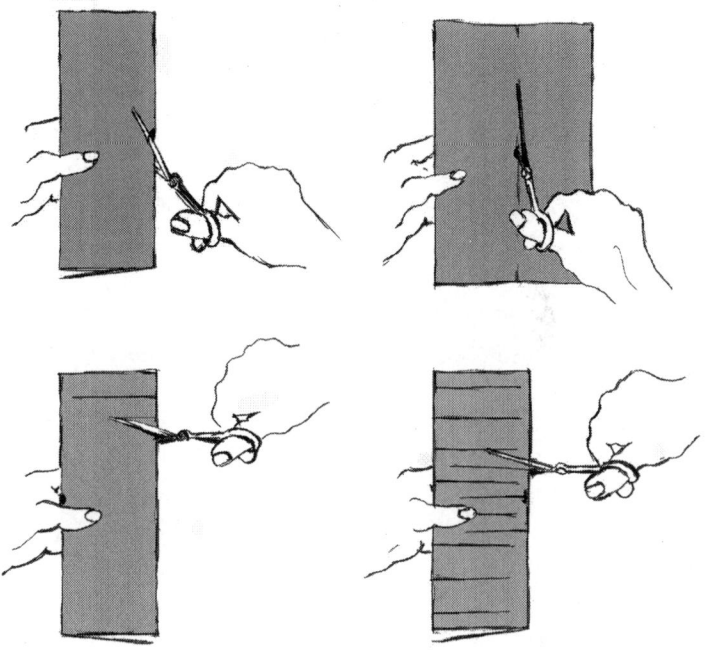

Was schenkt die Zauberfee? Falls Ihr Kind ein Training im handmotorischen Bereich braucht und wenig Lust hat, zum Beispiel Schneiden zu üben, ist dieses Zauberkunststück besonders geeignet – es motiviert Ihr Kind zum Schneiden, Falten und Kleben; fördert Feinmotorik und Handlungsplanung sowie den Raum-Lage-Sinn.

3 Zaubern fördert Sprechfreude und freies Sprechen

Zaubern entfaltet seine wirklich magische Wirkung erst beim Präsentieren vor dem Publikum. Allen Menschen tut es gut, positiv im Mittelpunkt zu stehen – Kinder führen gerne etwas auf, und etwas vorzaubern ist etwas ganz Besonderes. Auch das Kind mit zurückhaltendem sprachlichen Verhalten gewinnt, wenn es anderen seine Fähigkeiten zeigen kann. Zaubern motiviert auch Kinder, die es oft schwer haben, frei und selbstverständlich mit anderen Menschen in sprachlichen Kontakt zu treten. Ein erlerntes Zauberkunststück schreit geradezu danach, anderen vorgeführt zu werden. Hilfreich für das Kind ist, daß beim Zaubern der Fokus dabei auf dem liegt, was zu sehen ist. Durch das „Eintauchen" in die magische Atmosphäre und mit Hilfe der Konzentration auf das Zauberkunststück tritt die Angst vor dem Sprechen vor anderen in den Hintergrund.

Zaubern ist quasi ein „niederschwelliges" Kontakttraining. Die Hemmschwelle vor Dingen, die Angst machen, wird geringer, da auf spielerische Weise ohne Leistungsdruck Kontakt aufgenommen werden kann.

Zu Beginn kann das Kind ein einfach zu präsentierendes Kunststück nur einer Person (Familienangehörigen, der besten Freundin/dem besten Freund) vorführen. Dadurch gewinnt es zunehmend mehr Sicherheit, bis es auch vor einem größeren Zuschauerkreis auftreten kann.

Geben Sie dem Kind witzige Präsentationssätze an die Hand (in den Mund): Beim Präsentieren freuen sich Kinder am Spruch: *„Damit das Zauberkunststück gelingt, brauche* *ich von Ihnen, liebes Publikum, die Zauberpuste. Aber Achtung: Pusten, nicht spucken."*

Freude machen auch selbst erfundene lustige und freche Zaubersprüche und begleitende Nonsensreime wie: *„Hexenfurz und Kräuterspinne, daß das Kunststück gleich gelinge!"* Kinder sind bei der Erfindung von Reimen und Nonsenssprüchen sehr erfinderisch.

4 Zaubern erhöht die Kontaktfreudigkeit und schafft Beziehung

Zaubern ist ein Kontaktmedium, weil es seine Wirkung erst dann entfalten kann, wenn es ein aufmerksames Gegenüber gibt. Wenn sich Menschen gegenseitig mit diesem zauberhaften Spaß anstecken lassen, entsteht ein engerer Kontakt und eine Vertiefung der Beziehung. Es wird eine ganz besondere Atmosphäre unter den Mitwirkenden geschaffen, wenn sie heimlich für die Oma etwas einüben. Dieser Prozeß des gemeinsamen Gestaltens erfordert Abstimmung, Kommunikation und Absprachen, gegenseitiges Hinhören und Rücksichtnahme, Achtsamkeit und Aufmerksamkeit füreinander. All dies verbindet die Familie, auch in Auseinandersetzungen und wenn es mal Streit gibt. Sie alle lernen viel miteinander, wenn Sie gemeinsame Lösungen für auftretende Fragen und Konflikte entwickeln. Fühlen Sie einmal die wunderbare Stimmung, wenn Sie die Muße finden und gemeinsam mit den Kindern oder Jugendlichen ganz „versunken" Zauberkunststücke ausprobieren und Spaß am Entwickeln der geeigneten Präsentation haben. Zaubern schadet Ihrem Streit, Sie erleben Nähe und das Gefühl von Verbundenheit! Nutzen Sie diese Ressource auch in schwierigen und krisenhaften Situationen.

Immer wieder mache ich Eltern-Kind-Zauberprojekte unter dem Motto „Nur wir zwei und die Zauberei". Besonders von Trennung und Scheidung betroffene Väter genießen das gemeinsame Zaubern und die Zauberfreundschaft mit ihren Kindern.

Hellsehen

Effekt: Ein vom Zauberer bestimmtes „Medium" vermag eine von einer Zuschauerin geheim gewählte Karte zu finden.

Schwierigkeitsgrad:

Alter: 9–99 Jahre

Präsentation: *„Liebes, sehr verehrtes Publikum, seien Sie Zeugen eines bemerkenswerten Phänomens: Dieses Medium ist in der Lage, eine von Ihnen bestimmte Karte herauszufinden.*

(Zum Medium gewandt:) Liebes Medium, geh nun bitte vor die Türe und warte dort, bis Dich jemand holt.

(Zum Publikum gewandt:) Wer von Ihnen möchte eine Karte bestimmen? Bitte zeigen Sie nun mit dem Finger auf Ihre gewählte Karte! – Wer holt das Medium?"

Der Zauberer richtet den Zauberstab auf das Medium und spricht: *„Liebes Medium, konzentriere Dich ganz auf Dich und auf Deine hellseherischen Fähigkeiten."*

Er zeigt mit dem Zauberstab auf jede Karte und fragt: *„Ist es die?"* Das Medium konzentriert sich noch intensiver, beugt sich über die Karten, spricht zu kreisenden Bewegungen der Hand beschwörend: *„Abrakadabra, simsalabim, führt mich, oh Zaubergeister, zur Karte hin."*

Zitternd wird seine Hand zu einer Karte gezogen – zur Richtigen!

Das Geheimnis wird gelüftet: Zehn verschiedene Spielkarten – eine 10 muß dabei sein –, werden in Form eines aufrechten Rechtecks ausgelegt. In dieser Form sind beispielsweise auf der Karte Herz 10 die Herzen angeordnet. Der Zauberer stellt seinem Medium die immer gleiche Frage – zum Beispiel: „Ist es die?" –, was Spekulationen vorbeugt, der Zauberer könne mit einer bestimmten Wortwahl das Medium auf die Karte bringen. Bei der Herz 10 tippt er mit dem Zauberstab auf das Herz, dessen Lage auf der Karte in Relation zu den gesamten zehn Herzen identisch ist mit der Lage der ausgesuchten Karte im Vergleich mit allen zehn Karten.

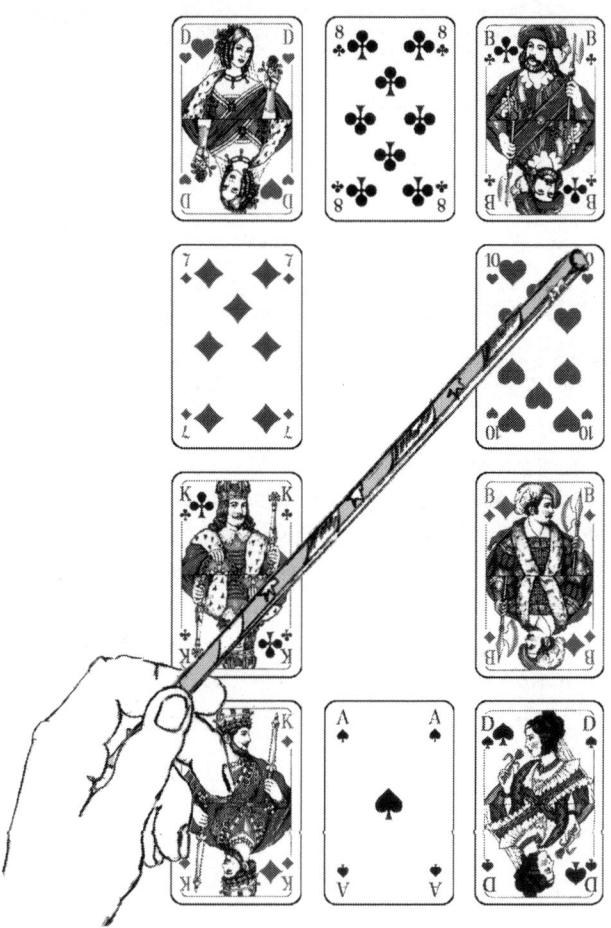

Auf diese Stelle der Herz 10 würde der Zauberer tippen, wenn der Kreuz-Bube bestimmt worden wäre.

Variation 1: Ein besonders konzentriertes Medium kann auch zwei Karten hellsehen, dazu müssen dann entsprechend zwei 10er-Karten ausgelegt werden.

Variation 2: Viele Zuschauer glauben, die richtige Karte würde über die Sprache vermittelt, daß beispielsweise bei der vom Zuschauer gewählten Karte ein bestimmter Satz gesprochen wird. Deshalb können sie als Steigerung das Medium zu einer noch magischeren Leistung herausfordern, indem es die Karte auch dann finden soll, wenn kein einziges Wort gesprochen, sondern nur stumm mit dem Zauberstab auf alle Karten gedeutet wird.

Manchmal gibt es dann „Zaubererlieblinge" unter den Zuschauern, die ahnen, daß der Zauberer mit seinem Medium Absprachen hat. Solche „Lieblinge" entzaubern leicht die Atmosphäre, versuchen den „Trick" aufzudecken und wollen den Zauberer genüßlich auflaufen lassen. Um den Zauber aufzudecken, wollen sie selbst mitmachen: „Wenn *ich* nun auf die Karten deute, klappt es dann auch?" Als kluger Zauberer sind Sie natürlich auf solche Spezialfälle vorbereitet. Aber halt! So einfach machen wir es unserem Liebling nicht. Wir sagen: „Nein, das geht nicht, denn die Karte wird durch die geistige Konzentration des Zauberers übermittelt." Doch ein rechter „Liebling" läßt natürlich nicht locker. Also gibt sich der Zauberer geschlagen und läßt den Zuschauer Zauberer spielen. Und tatsächlich findet das Medium trotzdem die richtige Karte.

Warum? Zauberer und Medium haben ein Zeichen vereinbart: Wenn der Zuschauer die richtige Karte antippt, macht der Zauberer ein bestimmtes Zeichen – Er stützt den Kopf auf, verschränkt die Arme oder ähnliches, es soll einfach eine natürliche Geste sein.

Was schenkt die Zauberfee? Dieses beziehungsfördernde Kunststück kann man nur mit einem eingeweihten Zauberfreund, mit dem eingeweihten Zauberpapa oder -sohn machen. Abgesehen davon, daß Zauberer und Medium lernen, sich aufeinander zu verlassen und durch das gemeinsame Geheimnis Nähe und Stärkung ihrer Beziehung erfahren, üben beide ihre visuelle Motorik und Raum-Lage-Wahrnehmung.

Schüchterne Kinder und Jugendliche zaubern mit Puppen

Eltern mit Jugendlichen im Alter von etwa 12 bis 16 Jahren erleben den Kontakt zu und mit ihren Kindern oft als erschwert. Diese sind in heftiger Auseinandersetzung mit sich und der Umwelt, trauen sich häufig nur wenig zu und finden ziemlich viele Dinge „uncool".

Ein ganz besonderes Beispiel dazu möchte ich berichten: In einen Zauberkurs kamen Mutter und Tochter, die Mutter ganz im Gegenteil zur Tochter sehr motiviert. Die Situation war schwierig: Während die Mutter Kontakt zu ihrer Tochter wünschte, die beim getrennt lebenden Vater wohnt, lehnte die Tochter den Zauberkurs als gemeinsames Tun ab.

Durch Zufall entdeckte das Mädchen eine Puppenspielfigur, der man die Hände „leiht" (dies sind von Puppenspielern so genannte „Marotten", relativ große Puppen, in deren Arme und Hände der Puppenspieler mit seinen Händen schlüpfen kann).

Die Wirkung war verblüffend: Die Jugendliche zauberte mit den Händen der Puppe, konnte „für" die Puppe sprechen, mit ihr im Mittelpunkt stehen, spielerisch Kontakt

Teilnehmer eines Fortbildungskurses mit einer
Folkmanispuppe

zur Mutter aufnehmen und so viel Freude am Zaubern
erleben, daß sie mit ganz vielen Ideen und Anregungen den
Zauberkurs bereicherte. Obwohl sie das zunächst vehement
abgelehnt hatte, konnte sie am Ende des Kurses zusammen
mit ihrer Mutter einen Teil des Abschlußauftritts gestalten.
Das Mädchen entdeckte darüber hinaus, daß es im Schü-
lerpraktikum im Krankenhaus zaubern könnte.

Aufgrund dieser Erfahrung setze ich solche Puppen
inzwischen gerne und gezielt vor allem bei Jugendlichen
und bei auffallend zurückhaltenden Kindern ein, die sehr
ungern im Mittelpunkt stehen. (Allerdings gibt es ein inter-
essantes Phänomen, das Sie zuerst abklären sollten: Manche jugendliche Kinder finden die Puppen sehr anregend
und manche lehnen sie total ab.)

Denen, die Puppenspielfiguren mögen, helfen sie: Sie machen frei von den eigenen Ängsten und lenken scheinbar von der eigenen Person ab, stärken jedoch auf diesem „Umweg" die Persönlichkeit des Spielenden. Kinder und Jugendliche können über das Objekt Puppe enorme Spielfreude und kreative Ideen entwickeln. Ideal ist eine Auswahl von Spielpuppen, die unterschiedliche Charaktere darstellen und so verschiedene Identifikationsmöglichkeiten bieten. Zum Zaubern eignen sich natürlich ganz besonders Zauberer oder Zauberin sowie Hexe oder Hexenmeister (vgl. auch die Bezugshinweise im Serviceteil, S. 153).

Generell können Puppen mit einbezogen werden: Sie schwingen den Zauberstab, bringen Zaubersprüche ein und fungieren wie ein dritter unterstützender Zauberlehrling. Manchmal spielen sie aber auch die Hauptrolle.

Einen Knoten in ein Seil werfen

Effekt: Die Puppe läßt mit Hilfe der Zauberpuste eines Zuschauers in einem Seil plötzlich einen Knoten erscheinen.

Schwierigkeitsgrad:

Alter: 7–99 Jahren

Präsentation: Die Puppenspielerin/der Puppenspieler verstellt ihre/seine Stimme und gibt der Puppe eine auffällige Stimme (zum Beispiel krächzend oder ganz tief): *„Ich werde jetzt gleich vor Euren Augen einen Knoten in dieses Seil werfen.*

38

Alsooo: Aufgepaßt – gleich geht's los: Eins – zwei – drei – und …??? Oh, schade: Da ist kein Knoten erschienen! Also noch einmal: – Schwierig, ich muß mich konzentrieren: Eins – zwei – drei – und …??? Oh: immer noch kein Knoten!!!

Ich glaube, Ihr müßt mir helfen!!! Also: Pustet mal alle gemeinsam auf dieses Seil!" (Die Puppe streckt den Zuschauern das Seil entgegen und alle pusten) *„Ch-hm – also: Pusten, nicht spucken, habe ich gesagt! So, danke, jetzt probier ich es zum allerletzten Mal:*

Eins – zwei – drei – und … Jaaaaa!!! Da ist ein Knoten!!! Juchhuuu!!!

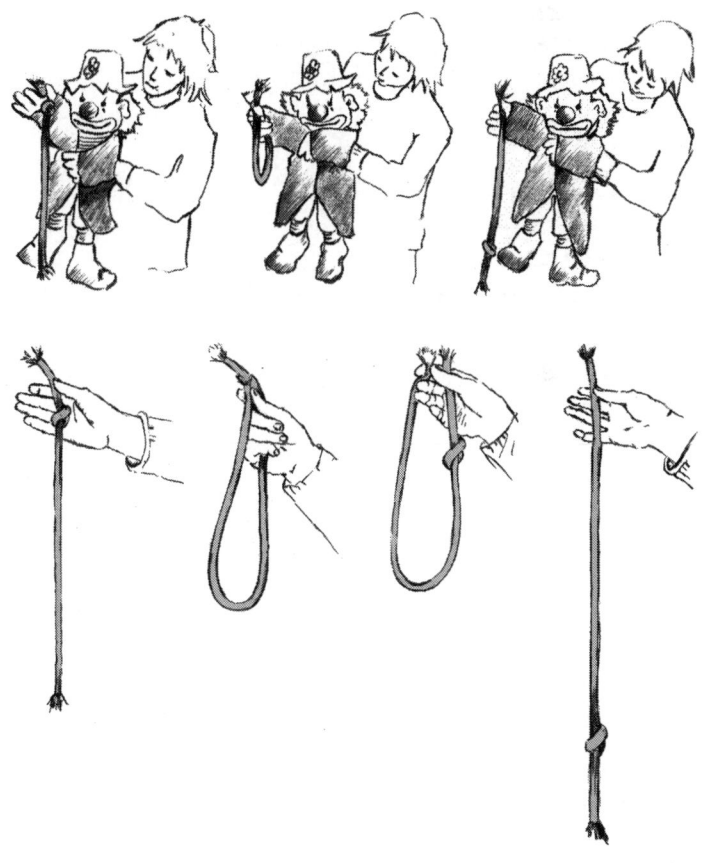

Das Geheimnis wird gelüftet: Vorbereitung: In ein etwa 75 cm langes dickes Seil wird etwa im oberen Drittel ein einfacher Knoten gemacht. Diesen Knoten verbirgt die Puppe unter Mittel-, Ring- und kleinem Finger in ihrer Hand. Das untere Ende des Seils wird zwischen Daumen und Zeigefinger gehalten und bei „eins-zwei-drei!" nach unten geschleudert: Kein Knoten im Seil! Nochmal wiederholen: Und immer noch nichts! Beim dritten Mal, nach Zuhilfenahme der Zauberpuste, hält die Puppe das Seil mit Daumen und Zeigefinger weiter fest und öffnet Mittel-, Ring- und kleinen Finger, so daß der Knoten nach unten fällt und sichtbar wird.

Was schenkt die Zauberfee? Selbst wenn die Stimmung ein wenig trocken und gelangweilt oder gar etwas trübsinnig ist, bringt die Puppe ganz schnell Leben und Fröhlichkeit in die Bude.

Sie hilft auch Kindern, die zum Präsentieren eines Zauberkunststückes wenig Mut und Einfälle haben: Mit der Puppe in Händen ändert sich das blitzschnell und die Ideen purzeln nur so heraus.

Es ist wirklich wie Zauberei: Kinder, die soeben noch etwas scheu waren, verwandeln sich in Nullkommanichts in lockere kontaktfreudige Wesen, und ganz nebenbei wird die Handkoordination gefördert.

Kinder, die gerne im Mittelpunkt stehen, lieben „table-hopping"

In der Zauberkunst ist das „table-hopping" sehr modern geworden. Zauberkünstler werden dazu inzwischen häufig in exklusive Hotels und Restaurants, zu festlichen Dinners und Familienfesten eingeladen.

Table-hopping bedeutet: Der Zauberer/die Zauberin geht von Tisch zu Tisch und zaubert direkt vor den Augen des Publikums. Spätestens, wenn der Zauberer den Tisch verlassen hat, geht das Rätselraten los, wie er denn das oder jenes gemacht hat und welches Kunststück wem am besten gefallen hat. Eine schweigende Tischgesellschaft oder eine zähe Unterhaltung gibt es nach der Zauberei am Tisch bestimmt nicht mehr.

Dieses table-hopping ist ideal für Menschen, die besonders gerne und lange im Mittelpunkt stehen. Gerade Kinder, die bei Familienfesten anstrengen, weil sie immer beschäftigt und vor allem gesehen und gehört werden wollen, können sich so auf zauberleichte angemessene Art einbringen.

5 Zaubern als Möglichkeit, Freunde zu gewinnen

Manche Eltern sorgen sich, weil ihr Kind wenig gleich-altrige Freunde hat. Kontakt zu Gleichaltrigen ist für die Entwicklung von Kindern sehr wichtig. Kinder, die wenig selbstsicher sind, können oft nur Kontakt zu jüngeren oder zu deutlich älteren Kindern oder Erwachsenen pflegen. Diese sind entweder in ihren Fähigkeiten unterlegen oder sie nehmen mehr Rücksicht auf das Kind, so daß es sich nicht mit den sozialen Umgangsformen und Fähigkeiten der Gleichaltrigen auseinandersetzen muß. Kinder, die die-ser Anforderung aus dem Wege gehen, können sie natürlich auch nicht bewältigen.

Mit Hilfe des Zauberns kann Ihr Kind Kontakt zu Gleich-altrigen aufbauen. Sie als Eltern können dabei helfen: Laden Sie zum Beispiel für die Gestaltung einer kleinen Feier einen Klassenkameraden oder eine Klassenkameradin Ihres Kindes ein. Diese beiden können gemeinsam mit Ihrer Hilfe einen kleinen Zauberauftritt entwickeln. Zu einer solch gezielten und motivierenden Aktivität kommen Kinder gerne.

Zahlen aus dem Gehirn fühlen

Effekt: Der Zauberer enträtselt mit magischen Händen eine von den Zuschauern geheim bestimmte Zahl.

Schwierigkeitsgrad: 🎇 – 🎇🎇🎇

Alter: 9–99 Jahre

42

Präsentation: *„Meine Damen und Herren, liebes zauberhaftes Publikum. Ich kann mich so gut konzentrieren, daß ich in der Lage bin, gedachte Zahlen durch bloße Konzentration zu erkennen. Ich gehe vor die Türe und bitte Euch, in meiner Abwesenheit für eine Zahl zwischen 1 und 11 zu entscheiden. Wenn Ihr so weit seid, gebt mir bitte ein Zeichen.“*

Der Zauberer geht vor die Tür. Die Zuschauer wählen die 9. Der Zauberer kommt, konzentriert sich, hält sich die Fingerspitzen an die Stirn:

„Ich bitte Euch jetzt alle, ganz fest an die Zahl zu denken. Soo, jetzt brauche ich noch mein Fingerspitzengefühl!“

Der Zauberer geht zu einem Zuschauer, legt seine Hände von oben auf den Kopf (um die Gedankenwellen zu fühlen). Dies wiederholt er bei noch zwei Zuschauern, um dann zu sagen:

„Eure ausgewählte Zahl ist die 9.“

Das Geheimnis wird gelüftet: Unter den Zuschauern ist ein eingeweihtes „Medium“: Der Zauberer legt die Hände von oben so auf die Ohren, daß die Daumen scheinbar auf dem Oberkopf Gedankenwellen spüren können. Die anderen Fingerspitzen können genau den Bereich des Kiefergelenks und der hinteren Zähne erspüren. Das Medium beißt mehrmals kurz die Zähne zusammen, die Häufigkeit entspricht der gewählten Zahl.

Achtung: Das Medium und der Zauberer haben vorher geübt.

Tip: Es ist wichtig, darauf zu achten, daß der Zauberer bei mehreren Zuschauern fühlt – bei allen gleich intensiv –, er sollte nicht beim Medium aufhören. Möglichst bei einem Auftritt nur einmal aufführen; das Medium könnte sonst „enttarnt“ werden.

Was schenkt die Zauberfee? Totale Konzentration und genaues Hinspüren auf den anderen. Erlernen der Fähigkeit, auf den anderen zu warten und genaue, konzentrierte Signale zu geben.

Wie das oben beschriebene gibt es Zauberkunststücke, die nur mit dem Freund funktionieren (weil sie die Unterstützung eines Eingeweihten erfordern) – so entsteht ein unsichtbares Band zwischen den Zauberfreunden. Diese Zauberfreundschaft kann auf verschiedene Art ritualisiert und gefestigt werden. Durch die offizielle Frage „Willst du mein Zauberfreund werden?", durch ein gemeinsames Zaubermaskottchen, ein Zauberband oder einen Glück bringenden Zauberstein.

Als ich einmal in einer Kindergruppe in einer kinderpsychiatrischen Klinik mehrere sehr nervös und aufgeregt wirkende Kinder hatte, entwickelten wir ein Halt gebendes Ritual: Immer paarweise standen sich die Kinder gegenüber und gaben sich die Hand und sprachen: „Du bist mein Zauberfreund, ich achte darauf, daß es dir gut geht.

Wenn du vor dem Auftritt nervös wirst, dann achte ich darauf, daß du wieder ruhiger wirst. Wenn ich es nicht schaffe, dann hole ich den Zauberlehrer, der dir dabei hilft.

Ich sorge für dich und achte darauf, daß es dir gut geht."

Mich hat sehr berührt, welch schöne liebevolle Stimmung durch dieses aus der Not geborene Ritual bei den Kinder untereinander entstanden ist. Alle Kinder dieser Zaubergruppe gewannen so viel Sicherheit, daß sie zum Abschluß einzeln vor einem größeren Publikum auf der Bühne zauberten.

Auch in der Familie und unter Vätern, Müttern und Kindern geben Rituale Halt.

Klar formulierte Sätze wie: *„Ich achte darauf, daß es Dir gut geht!"*, *„Ich beruhige Dich, wenn Du aufgeregt bist!"* und *„Ich sorge für Dich, wenn Du etwas brauchst!"* geben Sicherheit und sind vor allem für Kinder mit unsicherem und unruhigem Verhalten von großer Bedeutung.

In der Rolle eines Zauberpapas und einer Zaubermama können Sie sichernde Rituale auf spielerische und natürliche Art in die Familie einbringen.

Zauberfreundschaften werden zusätzlich durch Zauberregeln geschützt.

Die goldenen Zauberregeln

Zauberer/Zauberinnen zeigen nur Kunststücke, die sie gut gelernt haben und sicher aufführen können.

Da manche Zuschauer über wiederholtes Beobachten das Trickgeheimnis ergründen wollen, zeigen Zauberer/Zauberinnen ein Zauberkunststück in einer Vorstellung nur einmal – außer bei Vorschulkindern, die Wiederholungen und Rituale lieben und von einer Trickhandlung gar nichts wissen wollen.

Zauberer/Zauberinnen verraten nie „wie's geht", denn Zaubern lebt vom Geheimnis.

Zauberer/Zauberinnen schaffen eine geheimnisvolle Atmosphäre und beziehen ihr Publikum so mit ein, daß das Zaubern ein gemeinsames Erlebnis wird.

Zauberkunststücke dürfen nicht verraten, können aber unter Zauberfreunden ausgetauscht werden.

6 Zauberleicht Schwierigkeiten angehen

Zaubern, um das Selbstwertgefühl zu fördern

Vor allem dann, wenn es in einer Familie Schwierigkeiten oder Krisen und dadurch eine Anhäufung von stressigen Situationen gibt, wächst gleichermaßen die Gefahr, in eine negative Sichtweise hineingesogen zu werden. Sie alle kennen das gut: Wenn Sie ausgeglichen und gelassen, mit genügend Zeit und Raum in den Tag starten könnten, wäre es kaum ein Problem, daß Ihr Kind „schon wieder trödelt" oder meckert, weil es beim Lesen seiner Comics von Ihnen unterbrochen wird. Stehen Sie aber unter Zeitdruck oder ist Ihre Stimmung gedrückt von Sorgen, die Sie sich um Ihr Kind machen, bekommen seine Verhaltensweisen eine stark veränderte, belastende Bedeutung. Diese Anspannung kann so zu von außen fast absurd wirkenden Aussagen und Gedanken führen wie „Kannst Du Dich nicht mal wie ein normales Kind anziehen?" oder „Warum nur habe ich so ein anstrengendes Kind?".

Und es kommt schnell zu einem sogenannten Teufelskreislauf: Sie sehen nur das, was nicht klappt und reagieren genervt, was das Kind wiederum verunsichert; und in seinem Gefühl, als Person abgelehnt zu sein, vermag es meist nur mit mehr Rückzug, mit aggressiver Gegenwehr oder mit Zuwendung heischendem Klammerverhalten zu reagieren, worauf Sie wiederum gereizt reagieren usw.

Die Belastung für die Eltern-Kind-Beziehung ist oft immens. Viele Eltern sind völlig am Ende: Sie sind im Zusammenleben mit ihrem Kind erschöpft und fühlen sich hilflos. Sie können an ihrem Kind wenig Positives mehr sehen, statt dessen viel, was noch fehlt oder nicht stimmt. Die Eltern haben einen Berg von Problemen im Blickpunkt, sind Sammler von Mängeln geworden. Und daraus entsteht zwangsläufig eine Mängelliste.

Wie soll aus einer Sammlung von Defiziten etwas Positives entstehen?

Ein Beispiel: Robert hat Leistungsprobleme in der Schule, die seinen Eltern viel Sorge bereiten. Immer wieder versuchen sie, Robert zu helfen, indem sie ihn beispielsweise vor der Schule erinnern: „Mach nicht so viele Fehler!" oder „Lass Dich nicht von den andern ablenken!". Beim Mittagessen erkundigt sich die Mutter, welche Hausaufgaben es gibt, und der Nachmittag wird oft lang und quälend, weil Robert bei Deutsch anfängt, aber nach drei Minuten die Stifte spitzt und bei Rechnen wieder mal gar nichts kapiert. Mutter und Sohn sind nach zwei Stunden entnervt und wollen sich am liebsten nicht mehr sehen. So hat Robert bald nicht nur ein Problem in der Schule, sondern auch mit seinen Eltern. Das Problem Schule sitzt mit am Esstisch, geht mit auf den Spielplatz und manchmal sogar mit in die Ferien. Eigentlich sitzt es allen immer im Nacken. Irgendwann leiden Robert und seine Eltern unter dieser ständigen Anspannung so sehr, daß ihr Selbstwertgefühl sinkt; dann darf das Problem auch mit ins Bett.

Aus dieser Sackgasse kann bewußtes Wahrnehmen, Innehalten und eine veränderte Sichtweise helfen. Wer einen Blumenstrauß auf den Tisch stellen möchte, sammelt auf der Wiese kein Unkraut, sondern alle die Blumen, die einem besonders gut gefallen. Unkraut statt Blumen pflükken Sie, wenn Sie bei Ihrem Kind Probleme sammeln, die Fähigkeiten aber übersehen und sich dann darüber wundern, daß Sie ein „Problemkind" und nicht ein „Fähigkeitskind" wahrnehmen.

Beginnen Sie lieber damit, die Fähigkeiten Ihres Kindes zu sehen, beginnen Sie eine Schatzsammlung und pflegen und bewahren Sie diese mit Ihrem und für Ihr Kind.

Robert zum Beispiel ist ein Junge, der ganz viele kreative Ideen hat. Er kann sich wunderbare, fantastische Geschichten ausdenken. Am Meer kann er stundenlang verschiedene Muscheln suchen und vergleichen. Er mag Tiere ganz besonders gerne. Und Robert spürt ganz genau, wenn jemand traurig ist.

So wie es einen „Teufelskreis" geben kann, kann es auch einen „Engelskreis" geben (wir könnten ihn auch „Glückskreis" nennen). Nur leider sehen wir positive Dinge oft als Dinge, die sowieso da zu sein haben, während der Teufelskreis hohe Aufmerksamkeit bekommt.

Wenn ein Kind seine Fähigkeiten als „Schätze" erleben kann, wächst sein Selbstwertgefühl. Ein Kind mit positivem Selbstwertgefühl wagt sich leicht und erfolgsorientiert an neue Aufgaben, bei denen es Neues lernt, diese Fähigkeiten wiederum geben ihm positive Rückmeldungen, erleichtern den Alltag und Beziehungen, verstärken das Selbstwertgefühl, so daß es neue Aufgaben angehen kann.

„Fehlt dir etwas, mein Junge?", sagte mein Papa zu mir und legte mir die Hand auf die Schulter.
„Ich habe schlecht geschlafen", antwortete ich, ohne zu lügen. Mehr brachte ich nicht heraus. Er aber sagte nun etwas, das mir später oft wieder einfiel.
„Eine schlaflose Nacht", sagte er, „ist immer eine lästige Sache. Aber sie ist erträglich, wenn man gute Gedanken hat. Wenn man daliegt und nicht schläft, ist man leicht ärgerlich und denkt an ärgerliche Dinge. Aber man kann auch seinen Willen brauchen und Gutes denken."
„Kann man?", fragte ich. Denn ich hatte in den letzten Jahren am Vorhandensein des freien Willens zu zweifeln begonnen.
„Ja, man kann", sagte mein Vater nachdrücklich.
(Hesse, 1999, S.112)

Schritt für Schritt wird die Blickrichtung auf positive Dinge gelenkt. Der Zuwachs an positiven Erfahrungen und größeres Zutrauen in eigene Fähigkeiten ermöglichen auch die bessere Bewältigung schwieriger Situationen.

Zaubern ist eine Fundgrube, um eigene Schätze zu erforschen, zu entdecken und sichtbar zu machen.

Die Schatzsuche

Diese Übung aus dem Schauspieltraining (siehe S. 95) ist eine Vorbereitung, die ganz gezielt nach eigenen Stärken sucht und es so ermöglicht, mit dem Gefühl des Könnens (statt der Befürchtung von Mißerfolg) in den Mittelpunkt der Aufmerksamkeit zu treten. (Noch einmal: Sammeln Sie Blumen statt Unkraut!)

„Schließe Deine Augen, spüre, wie Du ganz fest auf dem Boden stehst und überlege Dir schöne Erlebnisse mit Deiner Familie, vielleicht aus den letzten Ferien oder einem schönen Nachmittag. Sehe diese Situation noch einmal, spüre, wie es sich anfühlt, wenn Du das genießt, höre Geräusche und Töne, die da zu hören waren und jetzt sei ganz genau in dieser Situation und wenn Du tief in diesem Erlebnis bist, dann finde drei Dinge, die Du an Dir magst. Das können äußerliche Dinge sein, genau so wie innerliche. Etwas von Deinem Aussehen oder von Deinen Fähigkeiten." (Pause)

„Jetzt überlege Dir zwei Dinge, die Du an Deinem Vater/Sohn besonders magst." (Pause)

„Und jetzt darfst Du noch eine Sache finden, die Du Dir als Schatz von Deinem Vater/Sohn wünschen würdest." (Pause)

„Öffne nun die Augen und dann flüstere Deinem Vater/ Sohn ins Ohr, was Du an ihm besonders magst und was Du Dir als Schatz noch wünschst."

Anmerkung: Die Anzahl der zu sammelnden Schätze hängt davon ab, wie viele Personen miteinander die Schatzsuche machen. Bei Vater und Kind können es je drei „Schätze" sein, wenn eine ganze Familie im Kreis sucht, können es drei eigene Schätze und zwei vom rechten oder linken Nebenstehenden sein.

Variation: Je nach Situation und Zusammensetzung der Zaubernden ist es auch möglich und besonders schön, wenn die Schätze im Kreis laut ausgesprochen werden.

Für viele Kinder und Eltern bietet das Zaubern eine bedeutende Chance:

Sie erwerben eine ganz besondere Fähigkeit und treten mit dieser auf. Dabei machen manche die ganz neue Erfahrung, als Einzelperson und /oder als ganze Familie positiv im Mittelpunkt zu stehen, und wachsen in dieser neuen Rolle förmlich über sich hinaus. So werden Selbständigkeit und Selbstbewußtsein gefördert.

Nach einem Vater-Kind-Zauberkurs erzählte ein Vater, daß sein Junge, der sonst kaum Eigeninitiative zeigte, heimlich sein Fastnachtskostüm einpackte und beim Geburtstag des Onkels vorzauberte. Er hatte damit ein eigenständiges Geschenk.

Zaubern, um im gemeinsamen Tun Freude zu erleben

Für manche Eltern und Kinder ist das Zusammensein eher von verstärktem Bemühen, Anstrengung und Anforderung gekennzeichnet als von ungezwungenem Miteinander. Viel häufiger haben Eltern dann das Gefühl, etwas *für* ihr Kind statt etwas *mit* ihm zu tun. Dabei ist gerade das Gefühl „wir haben Spaß miteinander" für die Beziehung zwischen Eltern und Kindern so lockernd und verbindend gleichzeitig. Das gemeinsame Erleben von Freude macht zwischendurch frei von Zwängen und Erwartungen und bietet Beziehung stiftende Momente. Das kann auf dem Sprungbrett im Hallenbad sein, oder beim gemeinsamen Angeln. Gemeinsames freudiges Erleben ist wie ein Schatz, den mehrere gleichzeitig innehaben und teilen.

Dieser hilft manchmal auch, Gefühle untereinander so ins Reine zu bringen, daß Klärung von Konflikten möglich wird. Leben Sie solche Gemeinsamkeiten! Auch dann, wenn Sie ein spezielles Interesse nur mit einem bestimmten Familienmitglied teilen, gönnen Sie sich diese Gemeinsamkeit immer wieder einmal. Für Kinder, die mit Geschwistern groß werden, ist es etwas ungemein Wertvolles, wenn sie einen Elternteil einmal ganz für sich allein genießen können.

Weil beim Zaubern Groß und Klein überraschende und faszinierende Dinge erleben, ist das gemeinsame magische Tun immer ein Riesenspaß für alle.

Gemeinsames Zaubern ermöglicht spielerisch gemeinsames Erleben, das den Zusammenhalt von Familien, Gruppen und Freunden festigt. Überraschungsauftritte, die „ganz geheim" gemeinsam vorbereitet werden, also gemeinsame gute Geheimnisse beinhalten, machen eine erwartungsfrohe Stimmung, die alle teilen.

Die MitarbeiterInnen einer Beratungsstelle wunderten

sich sehr darüber, daß „Zauberlehrlinge" einer Eltern-Kind-Zaubergruppe immer alle zu den Terminen kamen. Das lag schlicht daran, daß es hier für alle spannend war, alle gemeinsam Spaß hatten, die Eltern nicht primär etwas für das Kind, sondern mit ihm zusammen taten.

Zaubern macht Lernen wieder leichter

Zaubern mit Kindern, die sich nichts zutrauen

„Das kann ich nicht!" – aufgrund mühsamer und leidvoller Erfahrungen verbinden viele Kinder und manche Eltern mit den Worten „Lernen", „Üben" und „Anstrengen" schlicht Mißerfolg. Diese innere Abwehrhaltung behindert ein neugieriges und lockeres Angehen von Lernsituationen und macht neue positive Lernerfahrungen fast unmöglich. Basis für gutes Lernen sind Entspannung und Zutrauen in eigene Fähigkeiten sowohl beim Kind als auch in der ganzen Familie.

Mit dem Begriff „Zaubern" verbinden fast alle Menschen Spaß und Spannung und bekommen Lust darauf, etwas Besonderes zu lernen, was unmöglich scheint. Mit dieser Faszination und erwartungsfrohen Haltung können sie das Zaubern angehen. So sagen Eltern: „So glücklich und konzentriert wie beim Zaubern sehen wir unser Kind selten."

Lust zum Lernen

Der Wunsch, ein Zauberkunststück zu beherrschen ist oft so groß, daß selbst Kinder, denen der Erwerb neuer Fähigkeiten und Fertigkeiten schwer fällt, mit viel Ausdauer üben. So können sie leichter aufmerksam zuhören, Handlungsabfolgen besser speichern und Aufgaben erfolgreich abschließen.

Unterschiedliche Zauberkunststücke erfordern unterschiedliche Fähigkeiten und Fertigkeiten, die auch in anderen Bereichen von Nutzen sind. Meist werden nicht nur Körperkoordination, grob- und feinmotorische Fähigkeiten, sondern auch Konzentrations- und Merkfähigkeit gefördert. Einzelne Zauberkunststücke können gezielt zum Erweitern von Fähigkeiten sowie zum Erlernen verschiedener Fertigkeiten eingesetzt werden. Beispielsweise übt ein Kind spielerisch zauberhaft den Umgang mit der Schere oder es gewinnt wieder Spaß am Umgang mit Zahlen oder am Einhalten bestimmter Regeln und Handlungsanweisungen. Manchmal können auf diese Art regelrechte Lernblockaden gelöst werden. Bei vielen Zauberkunststücken in diesem Buch finden Sie die „Zauberfee", die Ihnen sagt, was damit gelernt und gefördert wird.

Die magischen Zahlenkarten

Die Anregung zu diesem Zauberkunststück verdanke ich meiner Nichte Petra, die dieses Zahlenspiel vom ersten Tag ihres Mathematikstudiums mitbrachte.

Effekt: Die Zauberin findet eine Zahl heraus, die sich ein Zuschauer in Gedanken ausgesucht hat.

Schwierigkeitsgrad:

Alter: 8–99 Jahre

Präsentation: Die Zahlenkarten zum Addieren können Sie selbst gestalten oder kopieren.

54

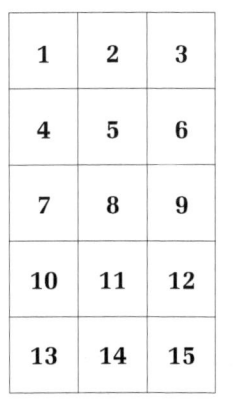

1	2	3
4	5	6
7	8	9
10	11	12
13	14	15

Karte 1

1	3	5
7	9	11
13	15	

Karte 2

2	3	6
7	10	11
14	15	

Karte 3

4	5	6
7	12	13
14	15	

Karte 4

8	9	10
11	12	13
14	15	

Karte 5

Die Zauberin zeigt einem Zuschauer eine Karte mit den Zahlen von 1 bis 15 (Karte 1): *„Lieber Zuschauer, merke Dir von dieser Karte eine Zahl, ohne sie mir zu nennen!"*

Sie zeigt die nächste Karte (Karte 2): *„Abra-Kadabra-Simsalabim – ist Deine Zahl hier dabei?"*

Dann Karte 3: *„Abra-Kadabra-Simsalabim – ist Deine Zahl hier dabei?"*

Dann Karte 4: *„Abra-Kadabra-Simsalabim – ist Deine Zahl hier dabei?"*

Dann Karte 5: *„Abra-Kadabra-Simsalabim – ist Deine Zahl hier dabei?"*

Die Zauberin nimmt die Auswahlkarte, macht kreisende magische Bewegungen über diese: *„Hokus-pokus-simsalabim, führ zur rechten Zahl mich hin"*, und zeigt mit Finger oder Zauberstab auf die gedachte Zahl!

Das Geheimnis wird gelüftet: Die Zauberzahl wird errechnet. Die Zauberin addiert die jeweils erste Zahl aller Karten, auf der die gedachte Zahl geschrieben stand. Ein Beispiel: Wählt der Zuschauer die 11, so rechnet die Zauberin 1 (für die erste Zahl auf Karte 2), +2 (für die erste Zahl auf Karte 3) + 0 (für Karte 4, weil die 11 nicht auf der Karte steht) +8 (für die erste Zahl auf Karte 5). Das ergibt: 11.

Tip: Alle Zauberinnen und Zauberer, die dieses Zauberkunststück aufführen, müssen die Karten flüssig ablegen können, dann wirkt das Kunststück magisch.

Kinder sollen das Zauberkunststück erst dann vor „echtem" Publikum aufführen (unterstützende Eltern oder „Lernförderinnen" gehören in die Kategorie Probepublikum), wenn sie wirklich flüssig addieren und entsprechend locker präsentieren können.

Was schenkt die Zauberfee? Die Zahlenkarten motivieren, zauberleicht addieren zu lernen, und sind für Kinder, die spielerisch üben wollen, bestens geeignet. Das Zauberkunststück fördert flüssiges und sicheres Addieren im Zahlenraum von 1 bis 15 und ist auch für Kinder mit Aufmerksamkeitsauffälligkeiten geeignet. Es erfordert, die Karten in der immer gleichen Reihenfolge geordnet zu halten. Dinge „auf der Reihe zu haben" und immer wieder die gleichen Handlungsabläufe einzuhalten, fällt gerade diesen Kindern in kreativem Rahmen leichter.

Variation: Die Zauberin kann die Karten auch beiseite lassen und mit einem tiefen Blick in die Augen und magischen Fingerbewegungen die Zahl aus dem Kopf des Zuschauers erspüren.

Variation für Fortgeschrittene: Bildkarten

Schwierigkeitsgrad:

Alter: 9–99 Jahre

Diese Variation ist noch spektakulärer und besonders für Kinder ab etwa 9 Jahren geeignet.

Die Bildkarten funktionieren genau so wie die Zahlenkarten, nur werden hier die Zahlen durch Bilder symbolisiert. Die Idee, sich Zahlen als Bilder zu merken, stammt aus der Mnemotechnik. (Die Mnemotechnik befasst sich mit Techniken und Strategien, um Erlebnisse, Bilder, Aufträge oder Zahlen besser erinnern zu können. Wir alle kennen die in der Umgangssprache so genannten „Eselsbrücken". Viele Zauberer, die mit Zahlen und ihrem Gedächtnis zaubern, nutzen die Mnemotechnik.) Anregungen für die Gestaltung der hier

abgebildeten Karten habe ich im Buch *Stroh im Kopf?* (Birkenbihl, 1993) bekommen.

Auf den von mir angebotenen Karten sind magische Symbole wie Hexenhand, Zauberschloß und dergleichen mehr. Sie wurden von der zehnjährigen Milena gemalt. Sie sind ein Anreiz für Kinder und Jugendliche, eigene Symbole zu finden und zu gestalten.

Die Symbole von Milenas Karten bedeuten:

Auf Karte 1: **Hexenbesen** = 1; **Dreizack** = 3; **Hand** = 5 (Finger); **Fahne** = 7 (hat die Außenform der 7); **Kette** = 9 (ist als 9 gelegt); **Schloß** = 11 (1 Turm für einen Zehner, 1 Turm für einen Einer); **Teufel mit Dreizack** = 13 (1 Teufel für einen Zehner, drei Zacken für die Einer); **Hand mit Kerze** = 15 (1 Kerze für einen Zehner, 5 Finger für die Einer).

Auf Karte 2 kommen neu hinzu: **Schwan** = 2 (wie seine Hals- und Rückenlinie); **Schnecke** = 6 (wie das Schneckenhaus); **Zeigefinger mit Spiegel** =10 (1 wie der Zeigefinger und Null wie der runde Spiegel); **Tisch** = 14 (1 Hexenbesen für einen Zehner 4 Tischbeine für die Einer).

Auf Karte 3 kommen neu hinzu: **Zauberkoffer** = 4 (wie seine 4 Ecken); **Wecker** = 12 (wie die auf ihm gezeigte Uhrzeit).

Auf Karte 4 kommt neu hinzu: **Brille** = 8 (wie eine liegende 8).

Auf der Auswahlkarte auf Seite 57 sind alle Symbole versammelt. Die ihnen zugeordneten Zahlen entsprechen ihrer Anordnung auf dieser Karte (von 1–15).

Jugendliche mögen oft gruselige Symbole und können die Bildkarten entsprechend gestalten, zum Beispiel: Totenkopf als Kerzenhalter (10);Vampir mit zwei blutenden Vampirzähnen (11); Grässlicher Hund mit Schlange im Maul (14 – eine Schlange, vier Beine).

Tip: Damit das Zauberkunststück auch mit kleineren Kindern sicher funktioniert, sollten Sie vor dem Zeigen der Karten nochmals darauf hinweisen, daß die Frage: *„Ist das von dir gewählte Bild auf dieser Karte zu sehen?"* nur dann mit „Ja" beantwortet werden soll, wenn das gewählte Bild ganz genau auf der Karte zu sehen ist. Beispiel: Wenn sich das Kind für das Bild „Dreizack" entschieden hat, daß es dann auch nur bei der Dreizack-Abbildung „Ja" sagt, und nicht auch bei dem Bild „Teufel mit Dreizack". Gleiches gilt für das Bild „Hand" und „Hand mit Kerze" oder „Hexenbesen" und „Tisch mit Hexenbesen".

Was schenkt die Zauberfee? Wie oben, vielleicht noch verstärkt: Kontaktaufnahme über ein Material, Konzentration, Additionsübung und Förderung der seriellen Handlungsfähigkeiten.

Variation für die hohe Kunst des Hellsehens

Bei dieser Variation schaut sich die Hellseherin die Karten noch nicht einmal an und weiß dennoch die gedachte Zahl oder das gedachte Bild.

Schwierigkeitsgrad:

Alter: 10–99 Jahre

Präsentation: Die Hellseherin: *„Ich kann Gedanken lesen!"* Dies demonstrierend sieht sie verschiedene Zuschauer genau an, nickt wissend, murmelt vor sich hin in der

Betrachtung der eben entdeckten fremden Gedanken: *„Nein, ganz so würde ich das aber nicht sehen!"* oder *„Also, Tante Julia, daß Du das denkst – Du überraschst mich!"*.

Die Hellseherin hat fünf Karten in der Hand, sagt: *„Ich kann, um meine Fähigkeit des Gedankenlesens zu zeigen, schließlich nicht allen Anwesenden verraten, was sich in Deinem Kopf abspielt; also demonstriere ich meine Kunst an diesen unverfänglichen Karten."*

Sie gibt Tante Julia die Bildkarten in die Hand und dreht sich weg, so daß sie Tante Julia nicht mehr sehen kann. *„Liebe Tante Julia, such Dir von der obersten Karte (das ist die mit dem Sternchen, siehe S. 57 und 156) ein Bild aus und leg sie dann verdeckt ab. Wenn Du möchtest, kannst Du den andern auch das Bild zeigen, für das Du Dich ent-schieden hast.*

Ist auf der nächsten Karte Dein Bild auch mit drauf?" – Tante Julia antwortet *„Ja"*.

„Ist auf der dritten Karte Dein Bild mit drauf?" Tante Julia antwortet *„Nein"*.

„Ist auf der vierten Karte Dein Bild mit drauf?" Tante Julia antwortet *„Nein"*.

„Ist auf der fünften Karte Dein Bild mit drauf?" Tante Julia antwortet: *„Ja"*.

Alle Karten liegen verdeckt auf dem Tisch. Die Zauberin dreht sich um, betrachtet forschend Tante Julia und bittet sie:

„Denk noch mal ganz fest an Dein Bild, Tante Julia! – Abrakadabra, simsalabim: Du hast Dir die Kette ausge-sucht!"

Das Geheimnis wird gelüftet: Die Hellseherin hat sich gut vorbereitet: Sie hat ihre Karten nicht nur in der Reihenfolge 2 bis 5 geordnet, sondern kennt auch jeweils die erste Zahl der Karten (1 – 2 – 4 – 8) auswendig.

7 Zauberworte

Positive Sprache

„Zauberworte" – so nenne ich sie wegen ihrer wundersamen Wirkung – erleichtern das Lernen und sollten auch im Alltag und in jeder anderen Lernsituation an Bedeutung gewinnen. Zauberworte sind Aufforderungen, die in positiven Formulierungen klare Handlungsanleitungen oder -strategien vermitteln.

Worte können sagen, was ein Kind nicht tun soll (eine Negativ-Aussage) oder, was ein Kind tun soll (eine Positiv-Aussage). Das Verrückte daran ist, daß wir oft unbewußt Dinge sagen, die ein Kind nicht tun soll, und gleichzeitig erwarten, daß es genau weiß, was es stattdessen tun soll. Das verraten wir dem Kind aber nicht!

„Jetzt habe ich dir schon fünfmal gesagt, daß du nicht auf die Straße rennen sollst!" (Negativ-Aussage). Was hindert uns daran, zu sagen: „Bleib bitte auf dem Gehweg"? (Positiv-Aussage).

Tatsächlich gibt es viele Situationen, in denen Kinder durch eine Negativ-Formulierung an Orientierung verlieren. Sie werden auf das aufmerksam gemacht, was sie nicht tun sollen, kennen damit aber keine Handlungsalternative. Wenn Sie Glück haben, hat das Kind inzwischen gelernt, die Aussage „Fahr nicht so schnell!" zu übersetzen in „Fahr langsamer!".

Fragt sich nur, warum wir immer wieder dazu neigen, diese Umwegsprache zu benutzen?

Wenn Eltern mit ihren Kindern schon häufig Mißgeschicke erlebt haben, fürchten sie in der Folge diese vermeintlich „schon wieder" anstehenden negativen Erfahrungen und warnen verständlicherweise ausdrücklich davor.

Leider machen diese gut gemeinten Negativ-Vorhersagen unsicher.

Es lohnt sich, die Sätze „Das habe ich kommen sehen" und „Ich sehe es schon kommen!" genauer zu betrachten. Die meisten Menschen verstehen unter Vorbildern etwas Positives, gemeint ist, vor dem inneren geistigen Auge ein Bild zu haben, als individuelle Ziel- oder Zukunftsvorstellung. Diese Vor-Bilder motivieren und bedingen unser Tun.

Ein Vor-Bild ist auch: „Ich seh's schon kommen: Gleich fällst Du runter!" Allerdings wollen weder der Sender noch der Empfänger dieser Botschaft, daß das Vor-Bild ein reales Bild wird.

Zauberworte dagegen lenken die Aufmerksamkeit und das Tun auf hilfreiche Dinge.

Immer dann, wenn Kinder etwas Neues lernen, kommen Zauberworte besonders gut zum Tragen. Gerade weil es beim Zaubern darum geht, eine Handlungsanweisung von A bis Z richtig zu befolgen, weil sonst das Zauberkunststück nicht funktioniert, ist es möglich, klar formulierte Handlungsanweisungen zu geben; hier können Erwachsene und Kinder positive Formulierungen regelrecht üben.

Wenn Sie sich eine stressige Situation mit ihrem Kind oder Ihren Kindern in Erinnerung rufen und sich überlegen, wie viele „Nicht-Sätze" Sie ausgesprochen haben, wird Ihnen jetzt möglicherweise bewußt, daß diese Aussagen wenig nützlich waren.

Hier nun aus der Zauberschule ein paar Beispiele für stärkende Botschaften und Anleitungen für sich selbst und für andere – so werden „Nicht-Sätze" zu positiven Formulierungen:

Statt: „Gleich fällt mir wieder nichts mehr ein!" positiv formuliert: „Ich verlasse mich auf meine guten Ideen."

Statt: „Sei nicht so aufgeregt!" positiv formuliert: „Bleib ruhig und gelassen."

Statt: „Bestimmt werde ich das wieder vergessen!" positiv formuliert: „Ich gehe nochmals die Stellen durch, bei denen ich mich konzentrieren will."

Statt: „Zappel nicht rum!" positiv formuliert: „Gehe ruhig und mit festem Schritt auf die Zuschauer zu!"

Statt: „Daß Du das nicht wieder falsch machst!" positiv formuliert: „Denk daran: richtig ist, ..."

Zaubern Sie positive Ohrwürmer!

Die meisten Menschen haben einen Ohrwurm, der wie eine Souffleuse als eine Stimme im Ohr meist dann seinen Einsatz hat, wenn es irgendwie nicht ganz so weiter geht. Der Ohrwurm soll uns helfen, uns unterstützen bei Fragen, Unklarheiten, Unsicherheiten und Entscheidungen.

Nun gibt es verschiedene Ohrwürmer: Einer flüstert dem Menschen negative Worte und Sätze ins Ohr, die schwächen, der andere dagegen flüstert Positives, das stärker macht. Der eine Ohrwurm spricht negative Dinge ins Ohr eines Menschen, so daß sich der Körper und das Gesicht anspannen, manchmal sogar verkrampfen. Der andere spricht positive Worte und dann entspannt sich das Gesicht, der Mensch strahlt und ein aufgerichteter Körper ist die Folge.

Kleinkinder haben meist einen neugierigen Ohrwurm, der sie beim Ausprobieren aller möglichen Dinge unterstützt. Wenn der Bauklotzturm zusammenstürzt, sagt er: *„Ist das toll, wie es rumpelt! Jetzt baue ihn gleich wieder auf, mal sehen, was dann passiert."* Der Ohrwurm ist neugierig und freudig stärkend. Bei manchen Kindern bleibt das so, bei anderen Kindern verändert sich der Ohrwurm leider und flüstert negative Sätze ins Ohr: *„Jetzt hast Du die Klötze* *schon wieder falsch aufeinandergestellt, Du kannst das ja gar nicht!"*

Mit zunehmendem Alter der Kinder, zunehmenden Vergleichssituationen und zunehmender Bewertung von anderen entwickelt sich der Ohrwurm in die eine oder andere Richtung. Ein negativer Ohrwurm macht das Leben schwer, ein positiver Ohrwurm regt zu neuen Erfahrungen an und unterstützt bei Pannen: *„Wenn das so nicht geht, dann probier es doch mal anders herum!"*

Kennen Sie Ihren eigenen Ohrwurm, was flüstert er Ihnen ins Ohr? Was für einen Ohrwurm hat Ihr Partner, was für einen Ihr Kind? Spielen Sie doch einen oder zwei Tage lang das Spiel mit und hören Sie ganz bewußt auf Ihren Ohrwurm. Können Sie erforschen, welchen Ohrwurm Ihr Kind hat? Wenn Sie möchten, spielen Sie das Spiel noch weiter: Mit welchen Worten füttern Sie Ihren eigenen Ohrwurm und auch den Ihres Kindes oder Ihres Partners? Risiko: Wagen Sie auch, hinzuhören, wie Sie den Ohrwurm in Konflikten und Streßsituationen füttern und was Ihr Ohrwurm Ihnen dann sagt!

Ein paar Beispiele: Ein schwächender Ohrwurm mault: *„Das geht bestimmt schief, schon wieder hast Du einen Fehler gemacht, immer machst Du so viele Fehler, das kann nur Dir passieren!"* Der stärkende Ohrwurm spricht: *„Oh da hast Du einen Fehler gemacht, probier's noch mal – ach, so geht das! Mal sehen, ob es klappt! Du lernst es schon noch!"*, oder: *„Da hast Du wohl jemanden verletzt. Du kannst das eingestehen und Dich entschuldigen, dann fühlst Du Dich besser!"*

Zu der Spezies „schwächender Ohrwurm" gehört auch die Unterart des „Sorgenvollen". Er ist wohlmeinend kümmernd bis bekümmert, möchte unterstützen, ist aber tief im Innern sehr unsicher, windet sich stets bange und fragend im Ohr. In schwierigen Situationen flüstert er dem Kind „wohlmeinend" Sorgen ins Ohr und verhindert damit freies, unbeschwertes Handeln. Kinder haben oft von sich aus ungeheure Kräfte, für ihre Dinge einzutreten. (Denken Sie nur einmal daran, wie viel Energie Sie brauchen, um einen Wutausbruch Ihres Kindes auszuhalten.) Stärkende, Mut machende Ohrwürmer helfen mit, diese Kraft und Energie in positive Richtungen zu lenken, und ermöglichen selbstsicheres, konzentriertes und klares Handeln. Der Ohrwurm, der sorgt, kümmert und zagt, macht dagegen erst einmal unsicher.

Ein besorgtes Kind kann seine Stärke und sein Selbstbewußtsein nicht zum Ausdruck bringen. Gerade sein Ohrwurm wartet auf eine zauberhafte Verwandlung. Als „Mutohrwurm" ist er auch in brenzligen Situationen klärend und unterstützend. Die Erfahrung zeigt, daß Kinder mit sorgenvollen und unsicheren Ohrwürmern auf Kinderspielplätzen und Schulhöfen eher in eine Opferrolle kommen und angegriffen werden als Kinder mit Mut machendem Ohrwurm, die selbstsicher und mit souveräner Haltung durch ihr Leben gehen.

Manche Eltern kennen den Ohrwurm ihres Kindes und können sich bei einem schwächenden Ohrwurm (der immer Dinge sagt wie: *„Ob Du das wirklich schaffen kannst?"; „Das kannst Du nicht"; „ Das traust Du Dich eh nicht!"*) erinnern, zu welchem Zeitpunkt er negativ zu wirken begann. Manchmal, als das Kind in den Kindergarten oder in die Schule kam, als sein Bruder oder seine Schwester geboren wurde oder als der Opa gestorben ist.

Sollten Sie bei Ihrem Spiel negative Ohrwürmer oder welche mit negativen Tendenzen finden, verzaubern Sie diese doch in positive Ohrwürmer! Negative Ohrwürmer richten sich auf, fangen an zu lächeln, werden aufmunternd und unterstützend, und wenn sie einige Zeit lauter positives Futter bekommen, verwandeln sie sich so, daß sie von ihren positiven Brüdern nicht mehr zu unterscheiden sind.

Es ist die Aufgabe der Erwachsenen, bei der Umwandlung der Ohrwürmer zu helfen und darauf zu achten, daß die Ohrwürmer stärkendes Kraftfutter bekommen. Besonders am Morgen, wenn Ihr Kind in den Kindergarten oder in die Schule geht, denken Sie daran, nicht nur dem Kind ein gutes Pausenbrot, sondern auch seinem Ohrwurm gutes Futter zu geben. Einige Delikatessen: *„Viel Spaß beim Spielen mit den andern Jungs!"*; *„Einen schönen Tag und viel Freude mit Deinen Freundinnen!"*; *„Einen schönen Schultag, alles Gute für die Mathearbeit!"*; *„Ich weiß, daß Du das tust, was Dir möglich ist und das ist gut so!"*; *„Ich wünsche Dir, daß Du Dich gut entspannen und konzentrieren kannst!"*

Reden mit Körperteilen

Ebenso wie die „positive Sprache" kann das „Reden mit den Körperteilen" für das Lernen hilfreich sein. Meine Erfahrungen in der Arbeit mit Kindern und Eltern bestätigen, daß sich Handlungsabläufe so besser üben und einprägen lassen. Vor allem in Situationen, die ein unwillkürliches „Das kann ich nicht!" auslösen, nützt das Reden mit den Körperteilen. Nicht das ganze Kind kann noch nicht schneiden, sondern nur die Hand muß dies noch üben. Für das Kind bleibt das Gefühl: „Ich als ganzes Kind bin in Ordnung, meine Hand kann das noch lernen."

In Handlungsanweisungen mit Körperteilen werden Kinder quasi als „Chef" ihres Körpers angesprochen und erleben so eine Aufwertung durch mehr Autonomie und darüber hinaus oft auch mehr Konzentration auf einen Körperteil.

Wenn Kinder beim Zauberkunststück das wachsende Herz (s. Kap. 12, S. 144) immer wieder zu weit schneiden und so aus Versehen das Herz durchschneiden, können Erwachsene ihnen die Hilfe geben: *„Kannst Du Deiner Hand sagen, daß sie beim Schneiden rechtzeitig stoppt?"*

Bei den Hausaufgaben: *„Sag Deiner Hand, sie soll den Stift ganz locker auf dem Blatt führen."* *„Sag Deinen Augen, sie sollen genau auf die Buchstaben schauen, die Deine Hand da macht."* Oder: *„Sag Deinem Fuß, daß er ganz aufmerksam ist, wenn Du schnell bremsen willst."*

Probieren Sie es aus: Es wirkt wirklich.

Lautes Denken

Eine weitere Möglichkeit, die Konzentration beim Lernen zu erhöhen, ist das „laute Denken". Die Handlungen des Kindes werden durch beschreibende Kommentare begleitet.

So kann das Einüben verschiedener Fertigkeiten rhythmisch oder mit Melodie sprachlich begleitet werden. Im obigen Beispiel das wachsende Herz singt der Erwachsene mit dem Kind beim Schneiden: *„Schneiden – schneiden – schneiden – stopp! Schneiden – schneiden – schneiden – stopp!"* Das Kind soll durch diese Wiederholungen spielerisch dazu angeregt werden, gedanklich bei seinen Handlungen zu sein. Mehrere Sinne werden zu Hilfe genommen. Das laute oder auch innere begleitende Sprechen erhöht die Konzentration durch Einbeziehen des visuellen (das Kind beobachtet das Schneiden mit den Augen) und des akustischen Sinnes (es hört gleichzeitig, was es unterstützend sagt, während es handelt). Immer dann, wenn mehrere Sinne bei einer Tätigkeit genutzt werden, sind Konzentration und Lernerfolg größer. Mit großer Wahrscheinlichkeit wird das Kind das begleitende Sprechen beim nächsten Üben bereits selbst „einsetzen" und unwillkürlich innerlich

„schneiden – schneiden – schneiden – stopp!" sagen. Im zweiten Schritt kann begleitendes Sprechen zur Konzentration auch auf andere Tätigkeiten und Arbeiten übertragen werden.

Was es tut und was es denkt, gehören zusammen, sind eine Einheit, ermöglichen hohe Konzentration. Dann ist das Kind ganz bei der Sache.

Wenn Sie dem Kind diese Strategie nahe bringen wollen, muß das begleitende Sprechen kurz, prägnant, der Sprache des Kindes entsprechend und vor allem spaßig sein, so daß es ein spielerisches Handeln und nicht eine Lernübung wird. Kein Kind wiederholt freiwillig Übungen, Spiele jedoch fast endlos.

Das Geheimnis, auf früher Gelerntes zurückzugreifen

Die allermeisten unter uns kennen diese Situation: Sie wollen einen andern Menschen – egal ob Kind, Jugendlicher oder Erwachsener – darin unterstützen, eine Aufgabe anzugehen, von welcher der andere überzeugt ist: „Ich kann das nicht!"

Ein Beispiel: Mara sitzt verzweifelt über ihren Mathe-Aufgaben: *„So ein Mist, ich kann das sowieso nicht!"* *„Komm, jetzt versuch's doch erst mal, Du kannst das doch!"* – *„Nein, ich kann das überhaupt nicht!"* – *„Jetzt streng Dich halt mal ein bißchen an!"* – *„Wenn ich's doch aber eh nicht kann!"* … Dieser „Kuhhandel" kann endlos weitergehen und hinterläßt meist mindestens zwei frustrierte, manchmal auch zerstrittene – unglückliche – Menschen.

Bei aller gut gemeinten „Aufmunterung" enthält die „Unterstützung" keinerlei Hinweis, sondern eine Paradoxie: *„Glaube das von Dir, was Du eigentlich nicht glaubst!"* Und: Der andere fühlt sich in seiner Not nicht ernst genommen. *„Du bildest Dir nur ein, das nicht zu können!"*.

Doch es gibt die Möglichkeit, zauberhaft aus dem „Kuhhandel" auszusteigen: Stärken Sie die Verzweifelte, indem Sie ihr vor Augen führen, was sie schon alles gelernt hat: *„Erinnerst Du Dich noch, wie Du zu lesen begonnen hast. Wie schwer es war, die Buchstaben voneinander zu unterscheiden, wie Du dann die einzelnen Buchstaben erkennen und aneinanderreihen konntest. Und wie es schließlich einfach so ein zusammenhängendes Wort gab, das Du gleich erkennen konntest. Und heute siehst Du manchmal den ganzen Satz schon vor Dir und kannst ihn so lesen, daß er spannend wird!"*

Wichtig ist, das Kind zu beobachten und Ihre Worte so zu wählen, daß die Verzweifelte angenehme Erinnerungen mit dem Gelernten und dem Prozeß des Erlernens verbindet: Sie beginnt zu strahlen, blüht richtig auf, spürt ihre eigenen Fähigkeiten. Diejenigen unter Ihnen, die Spaß an dieser Art der Stärkung haben, können das Erleben durch Einbezug vorgestellter Sinneserfahrungen intensivieren: *„Kannst Du noch sehen, wie Dein Finger ganz langsam von Buchstabe zu Buchstabe wandert. Und hörst Du, wie Du ganz langsam die ersten Worte gelesen hast. So: B–la –tt. Und heute kannst Du Dir das gar nicht mehr vorstellen, daß Du mit einem so einfachen Wort so viel Mühe hattest. Heute lachst Du darüber! Und das ist der Beweis, daß Du Dinge, von denen Du glaubtest, sie nie zu können, heute spielend kannst."*

Achtung: Klar, daß Sie Beispiele nehmen, die ein Kind gut gelernt hat, die tatsächliche Stärken des Kindes sind; Dinge, die ihm leicht fallen, und die es gerne macht. Und solche Stärken und Vorlieben hat jedes Kind. Erinnern Sie sich nur mal daran, mit welcher Mühsal und Energie ein Kind gehen lernt. Wie oft es dabei auf den Po und manchmal auch auf die Nase fällt. Wie es sich immer wieder aufrappelt. Wann haben Sie zuletzt bemerkt, daß Sie dauernd selbstverständlich etwas tun, was Sie mühsam erlernen mußten? Ihnen, als Erwachsenem, fallen da bestimmt viele Bilder ein: die erste Fahrstunde und wie Sie heute Auto fahren, das erste Mal auf den Skiern stehen und heute?

Fahrrad fahren ist ein besonders schönes Beispiel: Wenn man es nicht ständig sehen könnte, würde man kaum glauben, daß jemand auf zwei hintereinander gestellten Rädern fahren kann. Bei den ersten Problemen mit dem Gleichgewicht würde man glauben, daß das einfach nicht geht, und das Üben aufhören. Das Geheimnis des bereits Gelernten kann auch Ihnen jederzeit helfen. Probieren Sie es einfach in der nächsten kniffligen Situation aus und erinnern Sie sich mit allen Sinnen: fühlen, riechen, hören, sehen (und vielleicht schmecken) Sie ganz genau hin, wie sie war, die Situation, in der Sie etwas geschafft haben, was Sie sich nicht zugetraut hätten!

Mit Fehlern glücklich lernen

Wenn Ihr Kind Angst vor Fehlern hat und deshalb alles vorschnell aufgibt oder eine Aufgabe gar nicht erst angeht, empfehle ich Ihnen ständig zu wiederholen, daß es ganz normal ist, Fehler zu machen. Kinder, die Aufgaben nur dann übernehmen, wenn sie diese besonders gut können, und Kinder, die leicht abgelenkt sind, brauchen die innere Gelassenheit, daß Fehler dazu gehören, wenn man etwas Neues lernt.

Je mehr ein Kind sich selbst abwertet oder je häufiger eine Abwertung von außen kommt (zum Beispiel, weil die jüngere Schwester es bereits besser kann), desto mehr muß es kompensieren. Es spielt vielleicht den „starken Makker" und tönt herum, daß es sowieso alles super gut kann (dieses Verhalten tritt besonders in der Pubertät auf) oder es vermeidet Aufgaben, die schwierig scheinen. Das Kind blockiert sich selbst und entspanntes neugieriges Spielen und Lernen ist dann nicht mehr möglich.

Hinterfragen Sie sich als Eltern selbst, wie Sie mit Fehlern umgehen. Muß bei Ihnen alles perfekt sein?

Auch beim Zaubern ist es ganz normal, daß Fehler passieren. In meinen Zauberkursen schaffe ich eine Atmosphäre, in der Fehler herzlich willkommen sind. Sie gehören dazu, aus ihnen kann man lernen, und bei allen Fehlern überlegen wir, wie wir damit umgehen (*„Naja, aus Fehlern wird man klug, drum ist einer nicht genug!"*).

Das bedeutet, daß Kinder einerseits lernen, wie sie den Fehler beheben können, sie lernen aber auch, als „Pannenhilfe" Fehler lustig umzudeuten (vgl. *Pannenhilfe,* S. 94). Dabei lernen sie exemplarisch, Fehler zu ertragen, dazu zu stehen oder sie witzig umzudeuten: *„Hoppla, da habe ich glatt den Zauberspruch vergessen!"*

Besonders für Kinder, die viele Flüchtigkeitsfehler machen, erfordert das Zaubern geregelte Strukturen und ist gleichzeitig eine motivierende Herausforderung. Kinder müssen konzentriert alle Handlungsabläufe genau einhalten – und das nicht nur einmal, sondern jedes Mal bei jedem Präsentieren – und gleichzeitig gelassen akzeptieren, Fehler zu erleben und diese mit einem Zauberfreund zu korrigieren (vgl. *Regiearbeit,* S. 95).

8 Zaubern mit ADS-Kindern

Es ist Dienstag morgen, alle sind bereit, aus dem Haus zu gehen. Rechtzeitig aufgestanden, hat die ganze Familie miteinander in Ruhe gefrühstückt. Doch gerade jetzt, als alle gehen müssen, sehen die Eltern Susanne vor dem offenen Ranzen sitzen und ein Bild malen. Spätestens jetzt geraten mindestens zwei Familienmitglieder trotz aller guten Planung und Regeln in Streß.

ADS (Aufmerksamkeits-Defizit-Syndrom) ist eine Störung mit neurologischen Besonderheiten in den Informations-Verarbeitungsprozessen des Gehirns, die sich durch leichte Ablenkbarkeit, Unaufmerksamkeit, Impulsivität, niedrige Toleranz für Frustrationen und/oder Aktivitätsüberschuß und/oder verträumt sein zeigt. Man unterscheidet zwischen ADS mit und ohne Hyperaktivität und spricht vom Zappelphilipp- bzw. vom Hans-Guck-in-die-Luft-Syndrom. Kinder mit diesem „Syndrom" haben meist besonders viele kreative Ideen, viel Phantasie und Einfühlungsvermögen.

Der Alltag mit einem ADS-Kind ist ein besonderer und eine Herausforderung. Während meiner langjährigen beruflichen Erfahrung habe ich immer wieder beobachten können, daß auch im positiv strukturierten Familienalltag Situationen entstehen, in denen wenig Raum und Zeit für verspieltes, kreatives und phantasievolles Verhalten ist. Ein ADS-Kind, das sich durch seine Reizfilterschwäche sehr leicht ablenken läßt und aufgetragene Aufgaben nur halb oder sehr verzögert erledigt, bekommt viele Ermahnungen und angespannte, entnervte Reaktionen zu spüren. Oft kommen Eltern und oder Geschwister in eine Hab-Acht-Stellung: „*Was machst Du denn jetzt schon wie-*

der!?", *„Trödel nicht so rum!"*, *„Gleich schmeißt Du das Glas wieder um!"*.

Kein Wunder, wenn ein Kind (und mit ihm meist auch die Eltern) in diesem Streß ein sehr schwaches Selbstwertgefühl entwickelt. Sehr leicht zeigt sich hier ein Bumerangeffekt. Eltern können ihr Kind nicht mehr mit der nötigen Gelassenheit sein lassen, sondern wollen in jeder Situation seine Schwierigkeiten wegtrainieren. Doch dieses „Dauertraining" gibt dem Kind das Gefühl *„Mit mir stimmt was nicht!"* und *„Ich bin nicht gut genug!"*, so daß oft auch seine Fähigkeiten übersehen werden und verlorengehen. So geht es auch einigen Tieren in der folgenden Geschichte:

Die Tierschule

Vor langer Zeit beschlossen die Tiere, daß etwas Heroisches geschehen müsse, um die Anforderungen einer neuen Welt meistern zu können. Sie gründeten daher eine Schule und erstellten einen Lehrplan, der vor allem motorische Fähigkeiten vermitteln sollte.

Als Fächer wurden ausgewählt: Rennen, Klettern, Schwimmen und Fliegen. Der Einfachheit wegen sollte der Lehrplan für alle Tiere verbindlich sein.

Die Ente erbrachte von Anfang an ganz exzellente Leistungen im Schwimmen, bessere sogar als der Schwimmlehrer. Im Fach Fliegen schaffte sie allerdings nur eben ausreichende Leistungen, beim Rennen genügten die Leistungen jedoch nicht mehr. Deswegen mußte sie ihre Aktivitäten im Schwimmen reduzieren und nachsitzen, um sich im Rennen zu verbessern. Dadurch lädierte sie ihre

74

Schwimmflossen so sehr, daß sie nur noch mittelmäßige Schwimmleistungen zustandebrachte. Mittelmäßige Leistungen galten aber durchaus als erfreuliche Schulerfolge, weswegen sich niemand, außer der Ente selbst, darüber groß Gedanken machte.

Das Kaninchen bot weitaus die besten Leistungen im Fach Rennen, erlitt jedoch einen Nervenzusammenbruch, weil es beim Schwimmen immer Nachhilfeunterricht benötigte.

Das Eichhörnchen war Klassenbestes im Klettern, zeigte sich aber zutiefst frustriert im Fach Fliegen, weil der Lehrer von ihm forderte, vom Boden auf die Spitze eines Baumes zu fliegen, anstatt von der Spitze zum Boden. Weil das Eichhörnchen zu intensiv trainierte, bekam es einen fürchterlichen Muskelkater, mit dem wiederum nur schlechte Noten im Klettern und Schwimmen zu gewinnen waren.

Der Adler stellte sich sehr bald als absolutes Problemkind heraus, das sehr streng zur Disziplin angehalten werden mußte. Beim Klettern war er allen anderen Tieren überlegen, wenn es galt, die Spitze eines Baumes zu erreichen. Jedoch war er durch nichts davon abzubringen, nur auf seine eigene Weise, nämlich fliegend, und nicht wie im Lehrplan vorgeschrieben, kletternd, die Baumspitze zu erreichen.

Am Ende des Schuljahres hatte ein leicht verhaltensgestörter Aal das beste Zeugnis vorzuweisen. Er konnte besonders gut schwimmen, jedoch waren seine Leistungen in den Fächern Rennen, Fliegen, Klettern nur mittelmäßig. Als Klassenbester durfte er jedoch bei der Schulabschlußfeier die Klassenrede halten.

Die Präriehunde blieben dagegen der Schule fern. Sie weigerten sich auch, Steuern zu zahlen, weil die Regierung nicht bereit gewesen war, auch das „Höhlengraben" in den Lehrplan aufzunehmen. Sie gaben daher ihr Kind bei einem Dachs in die Lehre. Später bildeten sie dann mit den Erd-

hörnchen und den Murmeltieren eine Selbsthilfegruppe, mit dem Ziel, eine freie Schule zu gründen.

(Rolf Michaelis, 1995, S. 121f)

Zaubern motiviert und stärkt ADS-Kinder

Zaubern kann hier einen regelrechten Kontrapunkt setzen: Beim Zauberauftritt können Phantasie und Kreativität des Kindes voll zum Erblühen kommen. Das Kind kann etwas, das andere nicht können und diese deshalb zum positiven Staunen bringt.

Beim Lernen und Präsentieren von Zauberkunststücken ist das Kind darüber hinaus gefordert, einen Handlungsablauf genau einzuhalten. Es muß ganz genau spüren und hinschauen und nach einer vorgegebenen Struktur lernen und diese wiederholen. So lernt es, Handlungen geplant und nicht überstürzt anzugehen. Zaubern vermittelt das, was viele Lernprogramme für ADS-Kinder erzielen wollen: das Einhalten von klaren Anweisungen und Strategien, die Fähigkeit, konzentriert bei der Sache zu bleiben. Zaubern ist etwas so hoch Motivierendes, daß ein Kind dies nicht als „Lernübung" („Weil etwas mit mir nicht stimmt!") ansieht, sondern als Vorbedingung, damit die Illusion des Zauberkunststückes beim Zuschauer wirkt („Weil ich ein guter Zauberer/eine gute Zauberin werden will!"). Das Kind übt nicht, weil ein anderer dies von ihm will, sondern weil es selbst zaubern will.

Wenn Sie als Eltern beim Zaubern mit Ihrem ADS-Kind auf Schatzsuche gehen (wie oben beschrieben), werden Sie wundersame Schätze entdecken und gemeinsam genießen können. Auch in der Schule kann das Kind mit der Präsentation einiger Zauberkunststücke eine positive Rolle einnehmen. Schon manch ein Lehrer hat ein „schwieriges Kind" auf diese Art erstmals in einem anderen Licht gesehen.

Die Kunst, den Körper gelddurchlässig zu machen

Effekt: Eine Münze wird in den Nacken gerieben, geht durch Hals und Mund und wird wieder ausgespuckt.

Schwierigkeitsgrad:

Alter: 15–99 Jahre

Präsentation: (beispielhaft dargestellt an einer Jugendlichen-Zaubergruppe): Vier Jugendliche kommen mit abgehackten Bewegungen wie Roboter auf die Bühne, wobei sie knirschen und knattern, wie dies Maschinen oft tun. Die Roboter stellen sich in einer Reihe auf; von einem Zaubergehilfen bekommt der erste eine Münze und gibt sie an den zweiten Roboter, dieser an den dritten und der wiederum an den vierten. Dies wird so oft wiederholt, bis jeder Roboter eine Münze hat.

Die Roboter präsentieren die Münzen, reiben sich die Münzen in den Nacken und spucken die Münzen anschließend – einer nach dem anderen – aus dem Mund.

Das Geheimnis wird gelüftet: Die Münze wird zwischen Zeigefinger und Daumen der rechten Hand (für Linkshänder: der linken Hand, wie in Abb. S. 78) präsentiert. Die linke Hand wird mit der Handfläche auf den Nacken gelegt (so daß die Fingerspitzen nach unten zeigen). Dann wird die rechte Hand auf die linke gelegt (beide Ellenbogen ragen nach oben), um die Münze scheinbar in den Nacken zu reiben.

Unauffällig wird die Münze mit der rechten Hand in die Hautfalte des linken Ellenbogens geschoben. Dabei müssen die Arme so eng am Kopf liegen, daß die Trickhandlung verdeckt bleibt. Als „Misdirection" (zauberhafte Ablenkung) wird mit der rechten Hand auf dem Nacken gerieben, um die Münze scheinbar „einzuarbeiten".

Dann gehen die Arme (angewinkelt, damit die Münze fixiert bleibt) nach vorne und die leeren Hände werden gezeigt. Die linke Hand geht zum Mund, der Daumen geht an den Innenrand der Zähne und mit einem „Plopp" wird der Arm schwungvoll gestreckt, so daß die Münze scheinbar aus dem Mund fliegt.

Tip: Damit die Illusion gut wirkt, ist es notwendig, vor dem Spiegel zu üben.

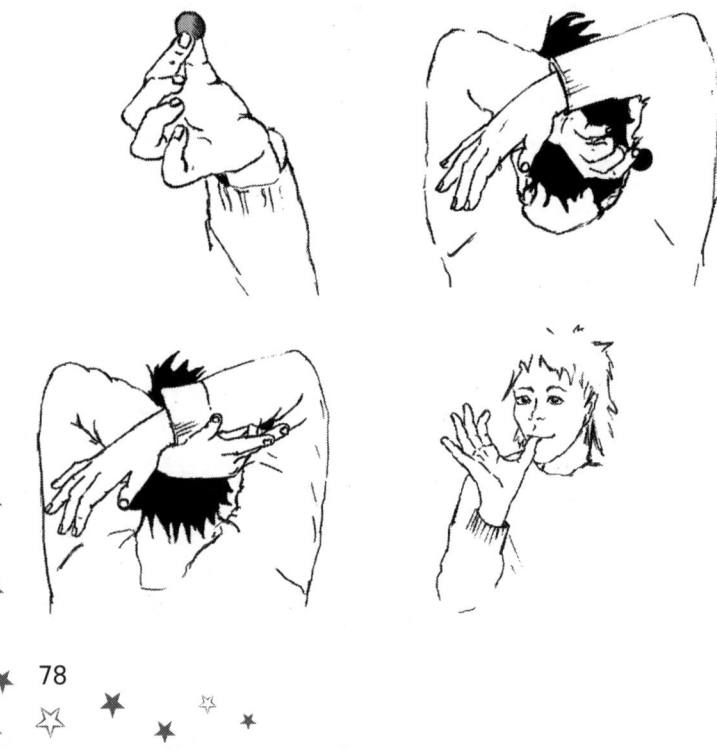

Variation 1: Natürlich kann dieses Zauberkunststück auch verbal begleitet werden. Es paßt gut in eine Reihe von Fakir- beziehungsweise Körperbeherrschungskunststücken.

Ein Ansager aus den Reihen der Jugendlichen präsentiert den Fakir:

„Liebes, zauberhaftes Publikum, sehen Sie nun die faszi- nierende Kunst, wie ein Fakir – ohne Netz und doppelten Boden – eine Münze in den Nacken reibt und so spurlos verschwinden lässt. – - – Doch – was ist das?! Dem Fakir geht es nicht so gut!!! Er würgt und würgt! – - – Was passiert denn da? Oh – sehen Sie da: Jetzt spuckt er die Münze in hohem Bogen wieder aus! Aha – er kann die Münze also nicht nur verschwinden, sondern auch wieder erscheinen lassen! – Applaus, Applaus für unseren heldenhaften Fakir!"

Variation 2: Die Zauberin: *„Meine Damen und Herren, lange habe ich meditiert und mich hypnotisiert, so daß ich nun meinen Körper so sehr beherrsche, daß ein Geldstück meinen Körper durchdringen kann. Es ist ein gefährliches Kunststück, deshalb bitte ich jetzt um absolute Ruhe im Raum."* An dieser Stelle sind Körperbeherrschungsposen, wie sie Ringer oder Bodybuilder zeigen, sehr gut geeignet. Das Geldstück wird in den Hals gerieben und nach einer kurzen Verzögerung mit Würggeräuschen und Würgegesten aus dem Mund gespuckt. Prima wirkt auch, wenn die Zau- berin kein einziges Wort spricht und eine andere Person die verbale Präsentation macht.

Was schenkt die Zauberfee? Konzentration, Förderung der Körperkoordination der Hand- und Feinmotorik

Zauberworte für das ADS-Kind

Erwachsene Zauberlehrerinnen helfen ihren Kindern mit Handlungsanweisungen, die klar und präzise formuliert sind: Sie sagen nicht das, was nicht zu tun ist, sondern genau das, was zu tun ist (wie oben unter *Positive Sprache*, S. 62, beschrieben).

Leider hören ganz besonders Kinder mit ADS-Verhalten im Alltag häufig Negativ-Anweisungen: „Trödel nicht rum!", „Halt den Stift nicht so verkrampft!", „Mach nicht so viel Fehler!" und dergleichen mehr.

Zum leichteren Einfühlen: Denken Sie nun an alles, nur nicht an ein himmelblaues Krokodil!

Wahrscheinlich haben Sie sich jetzt zunächst ein himmelblaues Krokodil vorgestellt, um es dann „durchzustreichen" und zu rätseln, woran sie jetzt stattdessen denken könnten. Genau so geht es einem Kind, das „Trödel nicht so!" hört; es weiß nicht, was es denn nun tatsächlich tun soll. Das Trödeln wird fokussiert.

Negativ-Formulierungen passieren schnell. Auch beim Zaubern: Kinder mit ADS-Verhalten neigen durch die Vielfalt ihrer Gedanken dazu, bei ihrem Tun auf Tagtraumreisen zu gehen und – zack – ist das wachsende Herz (vgl. S. 144) plötzlich durchgeschnitten, obwohl das Kind so gerne dieses Kunststück richtig gelernt hätte.

Hier ein paar hilfreiche positive Umformulierungen: Statt *„Schneid nicht daneben!"*: *„Schneide genau auf der Linie!"*; statt: *„Schneide nicht zu weit rein, sonst zerreißt das Herz!"*: *„Achte auf den Stop!"*; statt: *„Spreche beim Auftritt nicht zu leise!"*: *„Sprich mit lauter und kräftiger Stimme!"*; statt: *„Vergiss das nicht!"*: *„Denke an …!"*.

Sehr hilfreich gerade für so genannte ADS-Kinder ist auch das weiter oben genauer beschriebene *laute Denken* (vgl.

S. 68), das begleitende Sprechen, das in viele Alltags- und Lernsituationen übertragen werden kann und dann als inneres begleitendes Sprechen dem Kind mehr Konzentration und Lernerfolge ermöglicht.

Wie bereits oben beschrieben, besteht beim „wachsenden Herz" die Gefahr, daß durch die ablenkenden Gedanken das Herz kaputtgeschnitten wird. Mit lustigen Sprechgesängen, welche das Schneiden der Kinder begleiten *(„auf-der-Linie, auf-der-Linie, auf-der-Linie, stop")*, habe ich gerade mit Kindern, die große Probleme mit dem Schneiden hatten, gute Erfahrungen gemacht: Motiviert durch die Idee, mit der Schere zu zaubern und begleitet vom gemeinsamen Sprechgesang konnten sie überraschend gut auf der Linie schneiden und rechtzeitig stoppen.

Bei älteren Kindern eignen sich rhythmische (Rap-) Sprechgesänge. Beim Herzvergrößern zum Beispiel: *„Schneid genau, schneid exakt, sieh gut hin, stop exakt".*

Toll ist, wenn Kinder selbst einen „coolen" Ohrwurm mitkreieren. Immer, wenn das Kind wieder die Schere zur Hand nimmt, erinnert es sich an den Text, der es bei der Handlung hält, seine Konzentration stärkt.

Grundsätzlich können Bezugspersonen besonders bei Kindern, die ADS-Symptome zeigen, darauf achten, einen aufmerksamen Kontakt in der Kommunikation dadurch zu unterstützen, daß sie auf Augenhöhe mit dem Kind sprechen und den Blickkontakt herstellen. Vielen Kindern hilft es auch, ihr Gegenüber zu spüren. Es gibt ihnen Sicherheit und Konzentration, wenn sie beispielsweise dabei an der Hand oder der Schulter ruhig, manchmal auch fest, aber liebevoll gehalten werden. Dies ist auch bei vielen Übungen aus dem *Schauspieltraining* möglich (vgl. S. 95).

9 Zaubern für das kranke Kind

Zuhause im Krankenbett zaubern

Für Eltern sind die Krankheiten ihrer Kinder oft auch dann noch eine Herausforderung, wenn sie eigentlich schon überstanden sind. Gerade Kinder, die wieder auf dem Wege der Besserung sind, aber noch im Bett oder im warmen Wohnzimmer bleiben müssen, jammern viel und klagen vor allem über Langeweile. Sie sind oft kaum mehr zu halten. Aber raus dürfen sie noch nicht, der große Bruder ist in der Schule, die Schwester wie immer bei der besten Freundin zum Spielen, Bilder sind schon drei gemalt, Kassetten schon endlos gehört und lesen kann das Kind ja auch nicht immer.

Wie wäre es, liebe Eltern, wenn Sie Ihren fast genesenen Sprössling ein bis zwei geeignete Zauberkunststücke erarbeiten ließen, die er seiner Familie oder seinen Freunden vorführen kann? Weil Zaubern immer vom Geheimnis lebt, hat das Kind die Aufgabe, alleine im Zimmer etwas vorzubereiten und kann sich lange selbst beschäftigen. Die Türe muß geschlossen bleiben, da Zauberkunststücke nicht verraten werden dürfen.

Bedeutsam und von großer Motivation ist das Wissen des Kindes, daß es vor Freunden oder Verwandten Raum, Zeit und Aufmerksamkeit für einen richtigen kleinen Zauberauftritt bekommen wird. Es wird positiv im Mittelpunkt stehen. Das setzt (gerade nachdem es eher beschwerlich im Mittelpunkt war) große positive Energien frei und bewirkt, daß sich das gesundende Kind ausdauernd und konzentriert für dieses Ziel einsetzt.

Das Kind hat die Aufgabe, seinen Auftritt vorzubereiten. Da stellen sich viele Fragen: In welcher Zauberrolle kann ich das Zauberkunststück präsentieren, mit welchem Kostüm, mit welchen Requisiten und begleitenden Worten? Möchte ich Clown, Hexe, Zwerg, Harry Potter, Batman, Bibi Blocksberg, feine Dame, großer Zauberer oder Pippi Langstrumpf sein? Was geben die Kleiderschränke und die Verkleidungskiste her?

Wie kann ich die Umgebung für einen Zauberauftritt gestalten? Wann setze ich die Vorführung an? Wer ist mein Publikum? Wie kann ich die Eintrittskarten machen?

Nach so vorfreudigen, geheimnisvoll geschäftigen Stunden und Tagen kann dann das Kind in seiner neuen Rolle als Zauberin oder Zauberer auftreten und mit seinen neu erlernten Zauberkunststücken die anderen überraschen.

Die „langweilige" Zeit im Bett hat sich gelohnt. Das wieder genesene Kind ist durch neu gewonnene Interessen und Fähigkeiten gewachsen. Das Überwinden der Krankheit hat nicht nur wieder gesund gemacht, sondern ganz neue Fähigkeiten ans Tageslicht gebracht.

Kalanag war ein Zauberer, der seine „magisch-musikalische Wunderrevue", als „der Herr über 1000 Wunder" in Wien, München und Sao Paulo zeigte.

Seit seinem achten Lebensjahr war er der Zauberei verfallen, nachdem ihm, während einer Krankheit, das berühmte Zauberbuch „Goldenes Buch der Magie" in die Hände gekommen war. Von seinen Schulfreunden nahm er 5 Pfennig Eintritt für seine Vorstellungen auf dem Dachboden des Elternhauses.

(vgl. Alexander Adrion, 1978, S. 18)

Zaubern im Krankenhaus

Besonders die teilweise frustrierende Zeit im Krankenhaus kann mit der Hoffnung „Aus mir wird eine Zauberin oder ein Zauberer" verwandelt werden.

Aus der langweiligen Zeit im Krankenhaus wird eine „Zauberzeit". Die Vorfreude darauf, den Freunden und Freundinnen in der Schule oder zuhause die Zaubereien präsentieren zu können, läßt die Zeit im Krankenhaus unter einem anderen Blickwinkel betrachten.

Die Zauberkraft des Besuchers

Effekt: In Anwesenheit des zauberkräftigen Kindes ist die Intuition seines Besuches so stark, daß dieser aus mit Bildseite nach unten liegenden Karten die vom Zauberkind genannten herausspürt.

Schwierigkeitsgrad:

Alter: 10–99 Jahre

Präsentation: Das Zauberkind reicht seinem Besucher ein Kartenspiel und bittet ihn, dieses zu mischen. Danach breitet das Kind auf der möglichst ebenen Bettdecke die Karten mit der Bildseite nach unten durcheinander aus.

„Lieber Opa, ich weiß was, was Du nicht weißt: Du hast heute, gerade bei mir ganz viel Zauberkraft! Das beweise ich Dir jetzt: Erspüre mit Deiner Hand die Karo 7 und deute mit Deinem Finger darauf." – Zauberkind betrachtet die Karte: „Nicht schlecht!!! – Ganz gut getroffen. – Jetzt spü-

re: Wo liegt das Herz Ass? – Hey, gut gemacht! – Und jetzt noch den Karo Buben! – Wow- ich hab's doch schon immer gewußt. – Jetzt will ich noch meine Zauberkraft testen: Ich versuche die Herz 10 zu finden."

Das Zauberkind nimmt die vier Karten in die Hand und fragt: *„Weißt Du noch, Opa, was die erste Karte war, die Du ziehen solltest?"* – *„Ja, genau, die Karo 7!"* Das Zauberkind legt die Karte offen ab. So werden alle vier Karten richtig aufgedeckt.

„Herzlichen Glückwunsch, das ist der Beweis, daß unsere Zauberkraft wirklich da ist!"

Tip: Damit sich Opa voll auf seine Intuition konzentrieren kann, kann das Kind die zu ziehenden Karten nebenher aufschreiben.

Das Geheimnis wird gelüftet: Das Zauberkind nimmt das von Opa gemischte Kartenspiel auf. Während es das Kartenspiel in den Händen glatt streicht (vgl. Abb. S. 132), betrachtet es unauffällig die unterste Karte und merkt sie sich.

Das Kind verteilt die Karten mit Bildseite nach unten großflächig auf der Bettdecke – dabei schiebt es die unterste Karte an eine Stelle, die es sich merken kann.

Wenn die unterste Karte Karo 7 war, fordert das Kind den Opa auf, mit seiner Intuition die Karo 7 zu finden. Opa zeigt auf eine Karte, die das Zauberkind so aufnimmt, daß Opa die Bildseite nicht sehen kann, es selbst merkt sich die Karte. Es ist das Herz As.

Also bittet es Opa, das Herz As zu erspüren. Er zeigt auf Karo Bube. Also bittet das Zauberkind seinen Opa, den Karo Buben zu erspüren. Opa zeigt auf Herz 10.

Das Kind testet nun seine Intuition und gibt vor, das Herz 10 zu erspüren, nimmt jedoch die unterste Karte, also die Karo 7, auf und fügt diese als vierte Karte dazu.

Variation: Statt Skatkarten können auch Bildkarten (aus Autoquartetten oder vom „Schwarzen Peter" zum Beispiel) verwendet werden.

Was schenkt die Zauberfee? Kommunikation, Konzentration und Raum-Lage-Wahrnehmung.

Achtung: Dieses Zauberkunststück hat eine verblüffende magische Wirkung, wenn es wirklich gekonnt präsentiert wird. Das Betrachten und Auslegen der untersten Karte muß unauffällig sein.

Der zweigeteilte Mittelfinger

Effekt: Der Mittelfinger wird in der Hälfte durchgetrennt und – hokus pokus – wieder zusammengesetzt.

Schwierigkeitsgrad:

Alter: 9–99 Jahre

Präsentation: Dieses Zauberkunststück wird als überraschender Gruseleffekt ganz nah bei einer oder mehreren Personen gezeigt.

„Guck mal! Mein Finger ist ab ... und wieder dran ... und wieder ab ..."

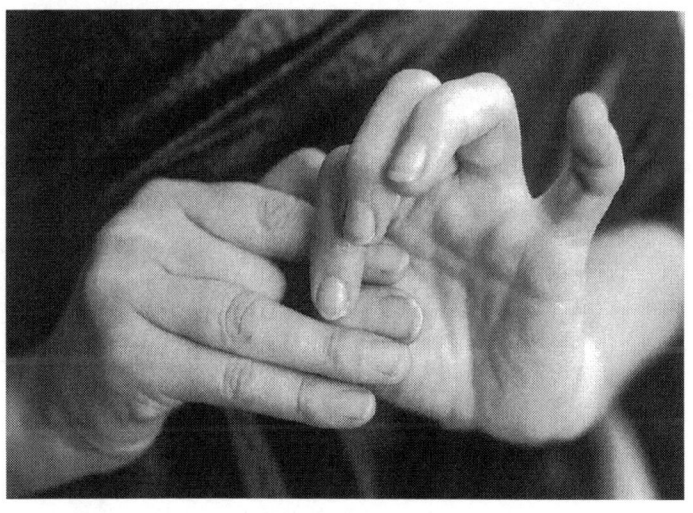

Das Geheimnis wird gelüftet: Den Mittelfinger der linken Hand in Höhe des zweiten Fingergliedes abknicken. Den Daumen der rechten Hand ebenfalls abknicken und an den „Mittelfingerstummel" halten. Mit dem Zeigefinger der rechten Hand die „Operationsnarbe" abdecken. Um den

Mittelfinger zu durchtrennen, die rechte Hand ein kurzes Stück nach rechts bewegen, zum „Ankleben" wieder in die Gegenrichtung bewegen.

Was schenkt die Zauberfee? Koordination und Beweglichkeit der Finger werden gefördert. Ein schönes Zauberkunststück für Kinder, die Spaß daran haben, Erwachsene ein wenig zu erschrecken und zu necken.

Auch andere Zauberkunststststücke aus diesem Buch können im Krankenhaus gezeigt werden. Besonders lustvoll für das Kind ist beispielsweise auch das Zauberkunststück Wie man sich die Nase aus- und wieder einrenkt (vgl. S. 122): Das Kind erlebt hier eine gezielte positive Umdeutung, indem es „besondere Körperbeherrschung" zeigt.

10 Zauberkunststücke für körperbehinderte Kinder

Zaubern mit Köpfchen

Kinder mit einer Körperbehinderung kommen mit aktivem Zaubern in eine neue Rolle: Nicht ihre Behinderung steht im Vordergrund, sondern ihre Fähigkeit, etwas ganz Besonderes zu tun. Je nach Behinderung Ihres Kindes sind geeignete Kunststücke zu wählen. Viele traditionelle Zauberkünstler haben eine Assistentin, die dem Zauberer bei bestimmten Zauberkunststücken behilflich ist. Warum sollte sich das körperbehinderte Kind nicht einen Assistenten leisten? Und beispielsweise die Datteln von Dänemark können auch Kinder, die in ihrer Handmotorik besonders stark eingeschränkt sind, mit Glanz und Bravour vorführen und so Freunden und Verwandten ihre ganze geistige Beweglichkeit zeigen.

Die Datteln von Dänemark

Effekt: Der Zauberer liest die Gedanken eines Zuschauers

Schwierigkeitsgrad:

Alter: 11–99 Jahre

Präsentation: *„Ich, der Zauberer Spiritini, möchte nun mit Dir ein Gedankenspiel machen: Wagst Du Dich gemein-*

89

sam mit mir in die Welt der Zahlen und Quersummen? Ich bezaubere Dich, wenn Du in der Lage bist, mit einfachen Zahlen umzugehen, und außerdem das kleine Einmaleins beherrschst. Nur Mut!

Als erstes überlegst Du Dir eine Zahl zwischen 1 und 10.

Nun multiplizierst Du diese geheime Zahl mit 9.

Bilde dann die Quersumme dieser Zahl.

Jetzt ziehe die Zahl 5 von der Quersumme ab.

Gehe im Geiste das Alphabet durch – und der Buchstabe, der an der Stelle ihres Zahlenwertes steht, – den merke Dir gut.

Denke nun an ein europäisches Land mit diesem Buchstaben und zwar eines, das nicht an die Schweiz grenzt.

So, und nun zu allerletzt überlege Dir eine Frucht, die mit diesem Buchstaben beginnt."

Nach kurzer Denkpause sagt der Zauberer:

„Ja sag mal, in Dänemark wachsen doch keine Datteln?".

Das Geheimnis wird gelüftet: Rechnen Sie nach: Die Rechung ergibt immer 4, also D. Wer ein weiteres Land und eine andere Frucht weiß, melde sich bitte bei mir.

Was schenkt die Zauberfee? Regeln und Abläufe einhalten zu können, sprachlichen Ausdruck, Einlassen auf ein Gegenüber, Selbstbewußtsein.

Kinder im Alter von etwa 11 Jahren lieben dieses Kunststück. Denn sie genießen es, wenn Erwachsene, die in Mathematik nicht sehr geübt sind, bei dieser Aufgabenstellung „ins Schwitzen" geraten.

Es versteht sich von selbst, daß dieses Kunststück nur einmal mit ein und demselben Zuschauer durchgeführt werden kann. Häufig wiederholbar ist es im Kontakt zu zweit, mit älteren Geschwistern, Freunden und Verwandten.

„Das mache ich mit allen Erwachsenen, die zu uns ins Haus kommen", sagte die zwölfjährige Sabrina.

Zaubern im Rollstuhl

Kinder und Erwachsene, die auf einen Rollstuhl angewiesen, in ihrer Handmotorik jedoch nicht eingeschränkt sind, können fast alle Kunststücke vorführen. Bei ganz wenigen aus diesem Buch braucht es einen Assistenten. Einige Zauberkunststücke eignen sich besonders: Beispielsweise, wenn das stärkste Geburtstagskind der Welt seine Hand auf dem Kopf festhext, kann es eine neue, bezaubernde Erfahrung machen, die sein Selbstbewußtsein stärkt: Es kann mit seinem Körper, sonst manchmal Ursache für das Gefühl, weniger fähig zu sein, nun etwas ganz Besonderes – ein wunderbares Krafterlebnis.

Mit Klettband und einem zauberhaften Tuch kann sogar aus dem Rollstuhl eine kleine mobile Bühne gestaltet werden. Die rollende Zauberbühne ist besonders auch für das auf S. 40 beschriebene *table-hopping* geeignet – zum Beispiel bei größeren Verwandtschaftsfesten. Der Zaubertisch und die Zauberrequisiten sind dekorativ angebracht, so daß die Zauberin/der Zauberer von einem Tisch zum andern fahren und ganz nah vor den Augen des Publikums die Zauberkunststücke präsentieren kann.

Generell ist beim Rollstuhl der Zaubertisch als Teil der rollenden Bühne immer dabei, so daß auch problemlos bewegliche Auftritte bei Festen im Freien möglich sind (der Rollstuhl wird als Ressource genutzt).

11 Tips und Ideen für die Zauberpraxis

Ich stelle mir vor: Sie hat inzwischen so richtig die Neugier gepackt. Sie wollen zaubern lernen und in zwei Wochen hat Oma den Siebzigsten.

Nach der Entscheidung für das Erlernen und mögliche Aufführen eines Zauberkunststückes haben Sie nun alles – den ungestörten Raum, die benötigten Materialien und ausreichend Zeit. Und nun? Was hilft Ihnen, Ihr Vorhaben mit Freude und Energie in die Tat umzusetzen?

Neun Schritte vom Erlernen eines Zauberkunststückes zum gelungenen Auftritt

1. Einweihung in die goldenen Zauberregeln (S. 46)
Damit aus einem Zaubertrick ein wirkliches kleines Wunder wird, ist die Kenntnis der Zauberregeln sehr wichtig. Mißachtet ein Zauberer zum Beispiel die erste Regel: *„Zauberer/Zauberinnen zeigen nur Kunststücke, die sie gut gelernt haben und sicher aufführen können"*, wird sein Auftritt weder ihm noch seinem Publikum wirklich Freude bereiten. Deshalb lernen alle Zauberlehrlinge als erstes die Zauberregeln.

2. Den Zauberlehrlingen wird ein (zu erlernendes) Zauberkunststück vorgeführt
Wenn jemand schon vorab das Trickgeheimnis eines Kunststückes kennt, kann er sich oft nicht vorstellen, welch

zauberhaft verblüffende Wirkung dieses haben kann. Ist er jedoch zunächst in der Zuschauerrolle, spürt er die Faszination des Zauberns und wird so motiviert.

3. Das Geheimnis wird gelüftet
Nach dem Vorführen werden die Zauberlehrlinge in das Trickgeheimnis eingeweiht und wechseln damit die Seiten: vom passiven zum aktiven Zaubern, vom Zuschauer zum Wissenden.

4. Pannenhilfe (S. 94)
Die Pannenhilfe rettet aus kritischen Situationen im Rampenlicht. Wann immer etwas schief geht, hilft sie, die magische Atmosphäre zu bewahren. Sie hilft über Hemmungen und Ängste hinweg und ermöglicht so einen sicheren Auftritt.

5. Die „Zauberlehrlinge" erlernen das Kunststück
Dies ist das eigentliche Handwerk, das Einüben von Handlungsabläufen und Trickhandlungen und der Präsentation, bis alles sitzt.

6. Regiearbeit (S. 95)
In dieser Phase wird das erlernte Zauberkunststück einer anderen Person, die als Probepublikum fungiert, vorgeführt. Mit dem Zauberlehrling zusammen feilt sie an dem Kunststück.

7. Schauspieltraining (S. 95)
Dies dient zum Auflockern, zum Abschütteln von Lampenfieber und zum Finden von neuen Ideen für die Präsentation.

8. Programm des Zauberauftritts
Hier wird die Gesamtgestaltung des Auftritts geplant,

sowohl die Auswahl und Reihenfolge von Zauberkunststücken als auch Dekoration und Materialbeschaffung.

9. Generalprobe

Diese muß sein, weil sich erst dabei die Tücken im Detail
zeigen und eine gute Zauberaufführung die Sicherheit eines
überstandenen Probelaufs mit Ernst-Charakter braucht.

Pannenhilfe

Wenn man etwas Neues lernt, ist es normal, daß Fehler passieren. Beim Vorzaubern kann man natürlich nicht einfach
nur sagen: *„Oh, da ist mir ein Fehler passiert!"* Aufführen-
de brauchen also eine Art Sicherheitsnetz.

Dies gilt insbesondere für Menschen, die entweder sehr
stark leistungsorientiert sind und bei Fehlern Probleme
mit ihrem Selbstwert bekommen, oder für Kinder, die viele
Flüchtigkeitsfehler machen und aus Angst davor gar nicht
erst anfangen, und behaupten, das sei langweilig.

Sie brauchen Gelassenheit und Sicherheit schon vor
dem Erlernen eines Zauberkunststückes. Allen – großen
und kleinen Zauberern – hilft es, sich zu sagen: *„Ich weiß,
daß ich es gut lernen kann. Und wenn doch mal eine Panne
passiert – na, ja, aus Fehlern wird man klug, drum ist einer
nicht genug. Und ich habe ja meine Pannenhilfe."*

Pannenhilfe bedeutet, daß sich jede Zauberin und jeder
Zauberer mit dem Sammeln pfiffiger und origineller Reakti-
onsweisen und Sätze auf mögliche Pannensituationen beim
Auftritt vorbereitet.

Hier als Anregung ein paar Pannensätze: *„Alles nur
eine optische Täuschung!"*; *„Hat sich der Zaubergeist mal*

wieder verlaufen?"; „Ist der Hexenbesen wieder nicht ange-
sprungen!"; „Hat jemand sein Handy nicht ausgeschaltet
und meine Gedanken wurden gestört!"

Regiearbeit

Wenn die Lehrlinge sich ein Zauberkunststück angeeignet
haben, führen sie dieses einem Regisseur vor (Kindern
erkläre ich diese Rolle). Dieser muß ganz genau hinschauen,
ob es schon gut vorgeführt also quasi publikumstauglich
ist, und Verbesserungsvorschläge machen. Anschließend
werden die Rollen getauscht: Jeder ist einmal Aufführen-
der und dann auch Regisseur. Gerade für Kinder, die Angst
haben, kontrolliert zu werden, bringt die Terminologie aus
Film und Theater eine Aufwertung zu etwas ganz Beson-
derem, einem neuen Spiel mit neuen Rollen.

Schauspieltraining

Zum Theater gehört auch das Schauspieltraining: Es schafft
eine lockere Atmosphäre, befreit von Alltagsgedanken und
hilft, neue Ideen und Anregungen zum Zaubern zu entwik-
keln. Das Schauspieltraining beinhaltet Entspannungs- und
Lockerungsübungen, damit Zaubernde vor dem Auftritt
nicht so aufgeregt sind und ihnen viele Ideen zum Vorführen eines Zauberkunststückes und Finden ihres eigenen
Präsentationsstils einfallen.

In den vorigen Kapiteln haben Sie schon mehrfach „Aus-
leihen" aus dem Schauspieltraining kenengelernt, zum
Beispiel die Schatzsuche (S. 50). Dies hängt mit meiner
Erfahrung zusammen, daß Entspannungsübungen manche
Menschen an zu viel Anspannung erinnern und ihnen
das Gefühl von Behandlungsbedürftigkeit vermitteln,
Schauspieltraining jedoch als Möglichkeit, seine eigenen

Fähigkeiten zu steigern, verstanden wird. Kinder lieben Grimassenschneiden in der Gruppe genauso wie das „Sich-auszappeln" von Kopf bis Fuß. Klasse finden sie es auch, wenn der Reihe nach jede und jeder eine bestimmte Bewegung und/oder ein Geräusch – zum Beispiel auf einem Bein hüpfen oder sich im Cowboygang bewegen oder wie eine feine Dame stolzieren oder wie ein Gespenst Huhuuuu rufen – vormachen kann, was alle anderen in der Familie oder Gruppe dann nachahmen.

Übungen aus dem Schauspieltraining helfen so auch beim Lernen, wenn ein Kind sich besser konzentrieren und mit mehr Leichtigkeit Aufgaben angehen möchte, sowie ganz grundlegend, wenn Familien mehr Gelassenheit miteinander suchen.

Zwei Schauspielübungen

Erstens: Was mache ich gerne? (Eine Übung, die Kinder richtig lieben.)

Alle Zaubernden stehen im Kreis. Sie klatschen gemeinsam dreimal in die Hände. Ein Zauberlehrling sagt: *„Ich bin die Anna, und ich tanze gerne!"* Dazu macht sie eine bestimmte Bewegung, um ihren Tanz auszudrücken. Alle klatschen wieder dreimal, deuten mit dem Finger auf Anna und sagen: *„Du bist die Anna, und du tanzt gerne!"* und machen ihre Bewegung nach.

Dann kommt der nächste Zauberlehrling an die Reihe. Wenn nur wenige im Kreis stehen, kann diese Runde einmal oder zweimal wiederholt werden.

Alle können darauf achten, daß sie unabhängig von dem, was andere Zauberlehrlinge sagen, ihre ureigenen Lieblingsbeschäftigungen nennen (egal, ob sie ungewöhnlich sind, oder ob jemand anderes schon dasselbe genannt hat). Auch wichtig: Es geht nicht um Leistung, sondern um das Mit-sich-selbst-Wohlfühlen.

Beispiele: *„Ich bin die Eleonore, und ich streichle gerne unsere Katze!"*; *„Ich bin der Jan, und ich spiele gerne Fußball!"*; *„Ich bin die Zaubermama, und ich lese gerne!"*; *„Ich bin der Pascal, und ich faulenze gerne!"*; *„Ich bin der Zauberpapa, und ich lache gerne!"*

Zweitens: Ich darf so sein, wie ich bin!

Alle stehen im Kreis und bewegen sich rhythmisch und schnippen oder klatschen einen gemeinsamen Rhythmus. Die/der einen Satz weiß, tritt einen Schritt nach vorne, richtet ihren/seinen Zeigefinger in die Mitte und sagt passend zum Grundrhythmus einen Satz, tritt zurück in den Kreis und alle sprechen den Satz zwei-, dreimal rhythmisch nach.

Beispiele: *„Beim Zaubern geb' ich gleich mein Bestes!"*; *„Ich darf meine Stärken zeigen!"*; *„Ich darf auch Fehler machen!"*; *„Ich darf so sein, wie ich bin!"*; *„Ich darf auch laut sein!"*; *„Ich darf auch leise sein!"*

Der Phantasie einer Gruppe sind kaum Grenzen gesetzt und vielfältige, lustige Variationen möglich: Sätze können wie Rap gesprochen und natürlich auch gesungen werden, die Lautstärke kann variieren, genauso wie begleitende Bewegungen. Manchmal können Wörter wiederholt werden (*„Ich darf meine Stärken, Stärken, Stärken, Stärken, Stärken zeigen!"*). Ziel ist, positive „Ohrwürmer" zu schaffen.

Tip: Ganz besonders zappelige Kinder werden ruhiger und genießen es, wenn sich alle beim Im-Kreis-Stehen an den

Händen halten und die Stärkeübungen mit gehaltenen Händen in gemeinsamer rhythmischer Bewegung und begleitendem Sprechgesang durchgeführt werden.

Programm des Zauberauftritts

Wenn Sie mehrere Zauberkunststücke aufführen wollen, ist es gut, zu überlegen, in welcher Reihenfolge sie diese präsentieren. Highlights sind gut zu Beginn und zum Ende, auch können andere „Kunststücke" – wie ein guter Witz oder eine kleine Tücherjonglage oder ein spannendes Rätsel für das Publikum – auflockern und ein rundes Programm machen. Manche Zauberinnen und Zauberer notieren sich die geplante Reihenfolge der Kunststücke in einem Regieplan.

Generalprobe

Meiner Erfahrung nach sind Generalproben motivierend und gleichzeitig vermitteln sie allen Zauberlehrlingen und -meistern, die mindestens zu zweit zusammen auftreten, Sicherheit. Besonders anregend ist, wenn zur Generalprobe zwei, drei Freunde der Kinder oder ein ähnlich geeignetes Probepublikum eingeladen werden.

Zu Ihrer aller Beruhigung: Auch wenn Generalproben manchmal etwas chaotisch sein können, bei der Premiere geben alle ihr Bestes und plötzlich sind die zappeligsten Kinder konzentriert und voll da (ob die alte Theaterweisheit doch stimmt?).

Türöffner für einen kreativ-lebendigen Auftritt

Gemeinsames Zaubern in der Gruppe:

Wenn zwei oder mehr Zauberinnen und Zauberer nebeneinander auf der Bühne stehen und parallel das gleiche Zauberkunststück vorführen, geht alles viel leichter. Der Vorteil ist, daß jeder in seinem Erleben im Mittelpunkt steht und gleichermaßen den Schutz und die Sicherheit der magisch miteinander Verbundenen spürt. Vor allem, wenn eine/r mal nicht mehr weiß, wie es weitergeht: Ein Blick zur Seite genügt, und der rote Faden ist wieder da.

Bei dieser Art des gemeinsamen Auftritts ist es sinnvoll, wenn eine Person die Ansage macht und auf den gemeinsamen Rhythmus der Handlungsabläufe achtet.

In eine andere Rolle schlüpfen:

Viele Zaubernde haben es mit der Präsentation – vor allem vor einem größeren Publikum – leichter, wenn sie sich in einer fremden Rolle ein wenig „verstecken" können. Sie gewinnen Lockerheit und Spielwitz, wenn sie mit verstellter Stimme – ganz hoch oder tief, krächzend, mit Dialekt oder Akzent – und veränderter Körperhaltung – hexig, geziert, im Cowboygang – auftreten. Forschen Sie: Vielleicht gibt es ja, ganz im Geheimen, eine Rolle, die Sie schon immer einmal einnehmen wollten!

Sich zu verkleiden und zu schminken verstärkt die Wirkung der neuen Rolle selbstverständlich. Es gibt dazu mannigfaltiges Material.

Sowohl für Einzelne als auch für Gruppen unterstützen Künstlernamen Verwandlungsprozesse. Beispiele sind: Hexorica, Gruselmania, Zaubrastolzia, Rätsalina, Simsalabim. Die Gruppe profitiert nicht nur von der Rollenübernahme, sondern erlebt dadurch auch eine Intensivierung der Zauberfreundschaft.

Gestaltung der „Bühne"

Zaubern fasziniert Menschen umso mehr, wenn eine geheimnisvolle Atmosphäre geschaffen wird, und alle Sinne der Zusehenden angesprochen werden. Dazu gehört auch eine verzauberte Umgebung. Schon mit einfachen Mitteln kann eine Art Zauberbühne entstehen. Eine schöne Tischdecke, ein Glitzertuch oder die Rettungsfolie aus dem Verbandskasten (bitte wieder auffüllen!), werden zum Zaubertuch auf dem Tisch, über Stühlen oder an der Wand.

Zauberrequisiten

Zauberkiste und Zauberstab sind für alle, die immer wieder gerne zaubern, unentbehrlich. Der Zauberstab ist der wohl bekannteste Gehilfe in der Magie und eine Zauberkiste hält all das bereit, was Zauberer und Zauberinnen sowie ihre Zaubergehilfen für einen Auftritt brauchen. Beide Requisiten können auch mit wenig Zeit und Materialien schön selbst gestaltet werden.

Der Zauberstab entsteht aus beklebten und bemalten Rundhölzern, manche Zauberhexen suchen sich ihren gespenstisch verknorpelten Zauberstab auch im Wald und geben ihm mit Bändern und Federn das gewünschte magische Etwas.

Für die Zauberkiste benötigt man nur feste, farbige Schuhkartons, Klebstoff, Schere und Dekorationsmaterial nach Wahl. Das können Spielkarten, Schokoladen- und Bonbonpapiere, Glitzerfolien in Gold und Silber, Motive aus Geschenkpapier, schöne Stoffe, Glitzer- oder Moosgummibuchstaben und Stickers sein, genauso auch Dekorationselemente aus Eisbechern, Weihnachtsschmuck und Geschenkverpackungen. „Wunderlocher" (die Fledermäuse, Sterne, Mond, Hexen und andere magische Symbole ausstanzen) erleichtern und beschleunigen das Dekorieren und sind in Spielzeug-, Bastel- und gut sortierten Schreibwarengeschäften zu kaufen. Ein ganz heißer Tip ist die Rettungsfolie (schon oben erwähnt): Sie ist günstig und sieht ganz toll aus.

Bitte denken Sie daran: Schon die Allerjüngsten wünschen sich ihre eigene Zauberkiste (selbst wenn nur ein Zauberstein und ein Zauberstab hinein kommen). Der Phantasie sind keine Grenzen gesetzt: Gruselig beispielsweise wird die Kiste mit Halloween-Utensilien oder Gruselfundstücken aus der Natur.

Schön ist auch ein auf dem Flohmarkt erstandener, mit

Silber- und Goldspray verzierter alter Koffer, auch kleine Holztransportkisten für Weinflaschen (erhalten Sie in Weingeschäften).

Auch für Kindergartenkinder, die noch keine Zauberkunststücke erlernen, aber mit ihrer eigenen Magie kräftig mitzaubern, sind eine Zauberkiste und ein Zauberstab sehr wichtig. Besonders hilfreich für magische Gedanken und Ideen ist ein Zauberstein, der entweder von den Eltern gekauft und mit Magie aufgeladen wurde, oder vom Kind selbst mit Hilfe des Zaubergeistes in der Natur gefunden wurde.

Und wer Spaß am Spiel mit verschiedenen Rollen und Verkleidungen hat, wird fast von allein in Fastnachtskisten und auf dem Flohmarkt viele zauberhafte Kleidungsstücke und Accessoires entdecken.

12 Feiern lebendig gestalten

Die Vorfreude auf Familienfeiern ist für viele Kinder und besonders auch Jugendliche ungleich größer, wenn sie dazu eigene Ideen einbringen und vor allem positiv im Mittelpunkt stehen können.

In diesem Buch gibt es viele Zauberkunststücke, die sich sozusagen für den „Last-Minute-Zauberauftritt" eignen. In der Hektik des Familienalltags sind sie eine Lösung, wenn Ihnen einfällt, daß übermorgen Oma ja Geburtstag hat und es doch schön wäre, gemeinsam mit der Familie etwas Besonderes vorzubereiten. Mit Kunststücken, die Sie in kurzer Zeit lernen können, gelingt es auch bei wenig Vorbereitungszeit, freudig gespannt eine Aufführung zu gestalten. Die magische Schneiderwerkstatt oder das stärkste Geburtstagskind der Welt beispielsweise sind hervorragend geeignete Zauberkunststücke.

Kinder in einem bestimmten Alter (so zwischen 8 und 12 Jahren) haben oft großen Spaß daran, Erwachsene ein wenig hereinzulegen. Sie lieben Rätsel- und Scherzfragen sowie freche Wortspiele (Beispiel: *„Aus wie vielen Ziffern besteht die Zahl 11 – aus wie vielen Ziffern besteht die Zahl 22, aus wie vielen Ziffern besteht die Zahl 33?"* Verblüffend: Wenn diese Fragen schnell hintereinander gestellt werden, antwortet der Befragte – genauso schnell: *„33 besteht aus drei Ziffern.").*

Der Erschreckungszauber

Effekt: Beim Reichen eines Kaffeegedeckes wird der Eindruck vermittelt, die Tasse mitsamt Inhalt falle auf den festlich gekleideten Bewirteten.

Schwierigkeitsgrad: 🍴🍴

Alter: 9–99 Jahre

Präsentation: Sebastian nähert sich Onkel Alfons: *„Darf ich Dir auch mal eine Tasse Kaffee einschenken, Onkel Alfons?"* In diesem Moment kippt die gereichte Tasse und erschreckt Onkel Alfons.

Das Geheimnis wird gelüftet: Der Kaffeelöffel wird so durch den Henkel der Kaffeetasse geschoben, daß die Tasse nach dem Kippen am Löffel baumelt; dabei fallen Würfelzucker (oder Serviettenschnipsel) auf Onkel Alfons Schoß.

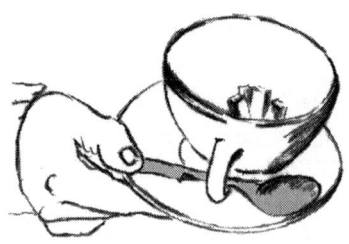 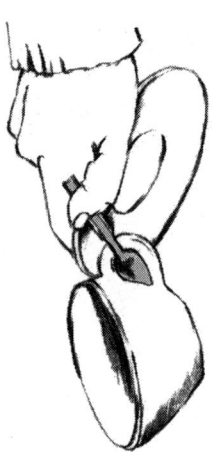

Tip: Bitte vorsichtig ausprobieren, ob Tasse und Löffelchen zusammenpassen.

Was schenkt die Zauberfee? Mit diesem kleinen Gag erschreckte mich in einem Urlaub ein Bekannter. Es macht vor allem Kindern Spaß, Erwachsene liebevoll zu necken und reinzulegen.

Im Folgenden finden Sie eine Sammlung von verschiedenen – teilweise für ganz bestimmte Anlässe variierten – Zauberkunststücken. Die meisten sind nur schwerpunktmäßig einem bestimmten Anlaß zuzuordnen, mit kleinen individuellen Abänderungen können sie auch bei „Ihrem" Fest individuell eingesetzt werden. Wenn Sie zum Beispiel einen Kindergeburtstag zauberhaft vorbereiten, lohnt sich deshalb sowohl der Blick in das Kapitel *Zauberkunststücke für Geburtstage* als auch in das Kapitel *Zaubern zur Gestaltung von Kinderfesten*. Selbst in den Abschnitten *Zauberkunststücke für das Hochzeitsfest* und *Zaubern für das kranke Kind* (s. Kap. 9) finden sich geeignete Vorschläge.

Zauberkunststücke für Geburtstage

Die schlauen Waldgeisterchen

Effekt: Aus unerklärlichen Gründen sausen die in einem Teller im Wasser schwimmenden Kräuter auseinander, wenn ein Finger ins Wasser gehalten wird, während sie zuvor bei allen anderen Fingern – auch bei denen der Zauberin – ruhig weiterschwammen.

Schwierigkeitsgrad: |

Alter: 6–99 Jahre

Vorbereitung: Ein Teller oder eine Schüssel wird mit Wasser gefüllt und auf dessen Oberfläche getrocknete Petersilie (oder auch andere, leichte, gut schwimmende Trockenkräuter) gestreut.

Präsentation: *„Es war einmal ein kleiner wundersamer Teich, in dem einst viele kleine verzauberte grüne Hexen, Zwerge, Waldmännchen und Naturgeister friedlich und einträchtig miteinander lebten. Ruhig und gelassen schwammen sie vor sich hin in ihrem Teich im schönen, alten Wald. Manchmal roch es nach Tannenzapfen, manchmal nach Walderdbeeren und manchmal sogar nach Menschen! Wenn es nach Menschen roch, hieß es gut aufpassen, die steckten nämlich ihre nackigen Füße in den Zauberteich und planschten darin herum!*

Aber daran hatten sich die Waldmännchen schon gewöhnt: Sie wußten, wie sie sich ganz leise und unauffällig verhalten konnten, damit die Menschen sie nicht entdeckten."

Immer wieder steckt die Zauberin oder ein Zuschauer einen Finger, der den Fuß darstellt, in das Wasser. Es passiert nichts Besonderes.

„Doch eines Tages bekamen die Zauberwesen große Lust, so einen Plantschefuß mal ein wenig zu ärgern: „Wenn wieder so ein nackiger Fuß einfach in unser Wasser latscht, dann laufen wir auseinander und erschrecken ihn. ---Ha, da kommt einer pfeifend angezwockelt!".

Genau in dem Moment, als dieser Fuß (Finger der Zauberin) ins Wasser kommt, da: *„Oh siehe da!"* laufen alle Waldgeister auseinander, um ihn zu erschrecken.

106

Das Geheimnis wird gelüftet: Das Zaubergeheimnis besteht darin, daß die Zauberin sich vor der Aufführung einen Finger mit einem Tropfen Spülmittel „präpariert" hat. Bei allen nicht präparierten Fingern bewegen sich die Kräuter nicht, erst das Spülmittel löst die Oberflächenspannung des Wassers, so daß die Kräuter auseinanderhuschen.

Spektakel um vier unsichtbare Stühle

Effekt: Vier Menschen schweben nach der Entfernung ihrer Stühle scheinbar magisch miteinander in der Luft.

Schwierigkeitsgrad:

Alter: 15–99 Jahre

Präsentation: *„Liebes Publikum: Der Geist kann Berge versetzen, das können Sie jetzt erleben. Zur Vorbereitung: Setzen Sie sich bequem auf Ihren Stuhl und spüren Sie, wie sehr dieser Sie trägt. Entspaaaaaaannen Sie sich! Und nun: Stellen Sie sich vor, der Stuhl würde jetzt unter Ihnen weggezogen! Wie könnten Sie dann noch ihre Lockerheit bewahren? Die vier Künstler, die Sie nun gleich sehen werden und die so sehr auf Ihre Fähigkeiten vertrauen, haben eine Lösung gefunden."*

Die vier Körperkünstler kommen in den Raum, eventuell in weißer Kleidung und mit schwarzen Gürteln um den Bauch. Sie zeigen Körperübungen, zum Beispiel witzige Stretchingübungen (Bodybuilderposen mit nachgeahmtem Knochenknirschen oder Finger knacksen und ähnliches)

und gehen konzentriert um die Stühle herum. Dabei werden sie akustisch durch Trommeln (Kochlöffelschlagen auf einen Pappkarton oder auf ein Tamburin oder ähnliches) begleitet. Beim ersten Trommelwirbel setzen sich die Künstler jeder auf einen Stuhl. Auch in der Sitzposition vollbringen sie

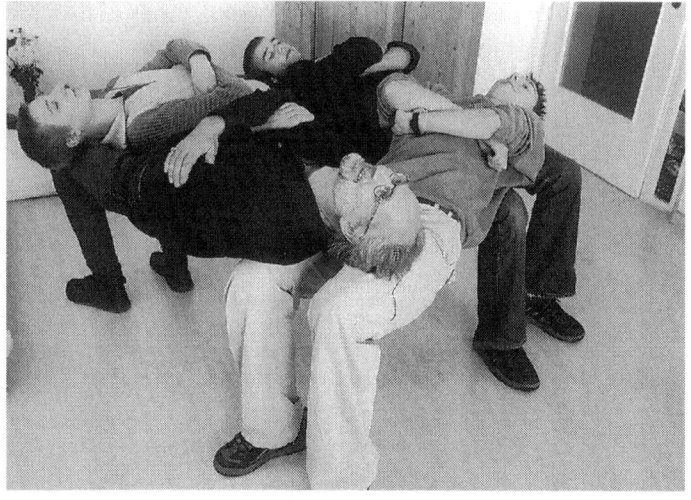

witzige, dramatische Vorbereitungsübungen. Beim nächsten Trommelwirbel schwingen alle ihre Beine nach links. Und beim dritten Trommelwirbel legen sich alle auf die Oberschenkel der hinteren Person. Mit einem Fortissimo-Trommelwirbel werden die Stühle weggenommen.

Das Geheimnis wird gelüftet: Vier Stühle werden im Kreis paarweise gegenüber hingestellt (vgl. Abb. S. 108 oben). Die vier Körperkünstler nehmen so darauf Platz, daß sie sich ansehen und schwingen auf Signal, Absprache oder Kommando (siehe oben) ihre Beine auf die linke Seite (vgl. Abb, S. 109 oben). Wieder einem Signal ihrer Präsentation entsprechend legen alle den Oberkörper auf die Oberschenkel des anderen (vgl. Abb. S. 108 unten). Wenn alle Körperkünstler mit genügend Rückenfläche bequem und stabil auf den Oberschenkeln des anderen liegen, können die Stühle auf einen Schlag entfernt werden (vgl. Abb. S. 109 unten). Zur Auflösung der Körperfigur werden die Stühle wieder untergeschoben und die Künstler können sich erheben.

Was schenkt die Zauberfee? Dieser Trick stärkt den Gruppenzusammenhalt der vier „Körperkünstler" enorm. Sie müssen sich aufeinander völlig verlassen und gegenseitige Nähe zulassen können.

Dieses Zauberkunststück stärkt die eigene Körperwahrnehmung und -beherrschung. Erfordert und fördert Vertrauen in die eigene Stärke und Kraft und in die der anderen.

Spricht Jugendliche, die an der Erforschung ihrer körperlichen Entwicklung naturgegeben besonders interessiert sind, in großem Maße an. Sie messen sich gerne mit Freunden, vergleichen, konkurrieren, verbünden sich aber auch. Sie gehen gerne an Grenzen und haben Spaß an diesem „Experiment", etwas scheinbar Unmögliches aus eigener Kraft zu schaffen.

Tip: Wirbelsäule etwas Richtung Decke drücken, das erzeugt eine gute Standfestigkeit. Bei diesem Körperkunststück ist manchmal ein mehrmaliges Üben erforderlich.

Die Künstler sollten in ihrer Körpergröße ungefähr gleich sein. Meiner Erfahrung nach klappt die Körperfigur manchmal ganz leicht und auf Anhieb, bei manchen Gruppen braucht es dagegen etwas Zeit zum Ausprobieren, um die richtige Sitz- beziehungsweise Liegeposition zu finden, so daß die Figur leicht und stabil empfunden wird.

Profivariante: Beeindruckend ist auch, wenn die Darsteller ihre Stühle selbst zur Seite schieben.

Hellseher im Zauberzirkel

(Dieses Zauberkunststück ist eine Variation von Hellsehen aus Kapitel 4. Es ist für Zauberer im fortgeschrittenen Stadium und wirkt ganz besonders schön, wenn es visuell ansprechend aufbereitet wird.)

Effekt: Ein Medium findet durch die Kraft des Zauberers ein Bild heraus, auf das sich die Zuschauer in seiner Abwesenheit geeinigt haben.

Schwierigkeitsgrad:

Alter: 10–99 Jahre

Präsentation: Neun verschiedene Zeichnungen (DIN A4) mit magischen und gruseligen Symbolen (wie Hexenbesen, Spinne, Eule, Totengeist und Ähnliches) werden für alle gut sichtbar an der Wand befestigt, jeweils drei neben- und drei untereinander.
Der Hexenmeister schickt das Medium aus dem Raum, dann sucht ein Zuschauer ein Bild aus.

Wenn das Medium in den Zauberzirkel zurückkehrt, findet es das gewählte Symbol.

Das Geheimnis wird gelüftet: Dieses Zauberkunststück wirkt spektakulär, ist dabei aber einfach, wenn man sich an den Handlungsablauf hält.

Der Zauberer stellt seinem Medium die immer gleiche Frage (zum Beispiel: *„Ist es dieses Symbol?"*). Medium und Zauberer haben zuvor verabredet: Bei einem ganz bestimmten Bild (zum Beispiel bei der Spinne) achtet das Medium darauf, wo der Zauberer seinen Zauberstab aufsetzt. Damit zeigt er die Lage des gewählten Symbols (oben Mitte, unten links und so weiter).

Variation: Noch rätselhafter wird das Hellsehen, wenn ein beliebiger Zuschauer das Medium befragt, indem er auf die Bilder deutet. Trotzdem kann das Medium das entsprechende Symbol hellsehen!

Bei dieser Variante sitzt ein Eingeweihter im Publikum und verwendet sein Gesicht als Übermittler des gewählten Symbols. Finger am Haaransatz links bedeutet Bild oben links, linkes Ohrläppchen bedeutet unten links, rechtes Auge bedeutet Mitte rechts.

Eine Zauberschlange wird geheilt

(Die Geschichte von „Sheila" wurde von TeilnehmerInnen einer Fortbildungsveranstaltung mit dem Leitthema „Hypno-systemische Ansätze" in Wigry Polen 2001 erarbeitet.)

Effekt: Ein Seil wird zerschnitten und mit Zauberpuste wieder ganz.

Schwierigkeitsgrad: �🍴🍴🍴🍴 für den zaubernden „Arzt"

Alter: 13–99 Jahre

Präsentation: Es spielen mit: *Sheilas Herrin* (ein Mädchen); ein *Medikus* (das kann zum Beispiel der große Bruder des Mädchens sein); eine *Krankenschwester* (die Schwester des Mädchens); der *Zauberer* (der Vater des Mädchens).

Das Mädchen sitzt Flöte spielend vor „Sheilas" Korb (Sheila ist ein Stück Seil). Die „Schlange" tanzt aus dem Korb. *„Schauen Sie sich bitte meine wunderschöne Schlange Sheila an."* Sie präsentiert das Seil den Zuschauern. Doch das Seil fällt plötzlich auf den Boden. Das Mädchen stürzt über sie: *„Sheila, meine bezaubernde Sheila, was ist los? --- Sie ist krank! --- Ich brauche einen Medikus".*

Ein Medikus (mit weißem Kittel und Stirnband mit rotem Kreuz oder Ähnlichem) erscheint. Er untersucht Sheila: *„Hat sie wohl etwas Falsches gegessen, eine kranke Maus vielleicht? --- Oh, nein: Ich sehe: Ihre Zunge ist nicht gespalten, da müssen wir operieren. Schwester, die Schere bitte! Wer aus dem Publikum hat eine ruhige Hand?"* Ein Zuschauer schneidet das Seil (die Schlangenzunge) durch. *„Es blutet, es blutet, es hört gar nicht mehr auf zu bluten. Schnell: einen Knoten. Wer kann* mir dabei helfen und Sheila einen Knoten auf die Zunge machen?"

Ein Zuschauer knotet fest das zerschnittene Seil zusammen.

So wird Sheila dem Zauberkind zurückgegeben. Dieses ist entsetzt: *„Was haben Sie mit meiner Sheila gemacht? Was sind Sie nur für ein Tier-Medikus, ein Pfuscher! --- Wer könnte da nur helfen? Gibt es hier vielleicht einen Zauberer der den Knoten wegzaubern kann?"*

Der Zauberer tritt auf und wickelt Sheila in die Hand. Dann greift er zum Zauberstab. Er murmelt einen Heilungszauber:

„Heile, heile Schlange, Dir ist nicht mehr bange,

Mit Zauberkraft und frischem Mut, geht es Dir bald wieder gut!"

Anschließend geht er zum Publikum. Dort sammelt er Zauberpuste und lässt sich Sheila von einem Zuschauer von der Hand wickeln.

Da ist Sheila wieder ganz und ohne Knoten – so schön wie zuvor!

Das Geheimnis wird gelüftet: Ein Seil (Sheila) ist an einem Zweig oder an einer Flöte angebunden und wird während das Kind (richtig oder scheinbar) Flöte spielt aus dem Korb geholt.

Der „Medikus" nimmt die beiden Enden des Seils in die linke Hand (s. Abb., Schritt 1).

Er faßt mit dem rechten Zeigefinger von unten etwa in der Mitte des Seiles in die Schlaufe, nimmt diese mit dem Zeigefinger auf die Höhe der linken Hand (s. Schritt 2) und legt sie auf das rechte Seilstück.

Er ergreift das rechte Seilstück unterhalb der darüberliegenden Schlaufe mit Daumen und Zeigefinger, zieht es als

Schlaufe nach oben, legt diese Schlaufe auf dem Zeigefinger der linken Hand ab und hält sie mit dem linken Daumen fest (s. Schritt 3 und 4). Dieser Vorgang muß vom „Arzt" so gut eingeübt sein, daß er dabei die Zuschauer ansehen kann.

Jetzt kann der Zuschauer die Schlaufe durchschneiden (Schritt 5). Von den vier Seilenden werden die beiden mittleren fest verknotet (Schritt 6). Es ist nun ein Knoten auf dem Seil (Schritt 7). Jetzt wickelt der Zauberer das Seil über seine Hand und zieht dabei den (beweglichen) Knoten vom Seil ab. Achtung: Die Aufmerksamkeit immer auf das Wickeln lenken. Der Knoten ist jetzt in der rechten Hand, wenn er den Zauberstab aufnimmt, legt er den Knoten

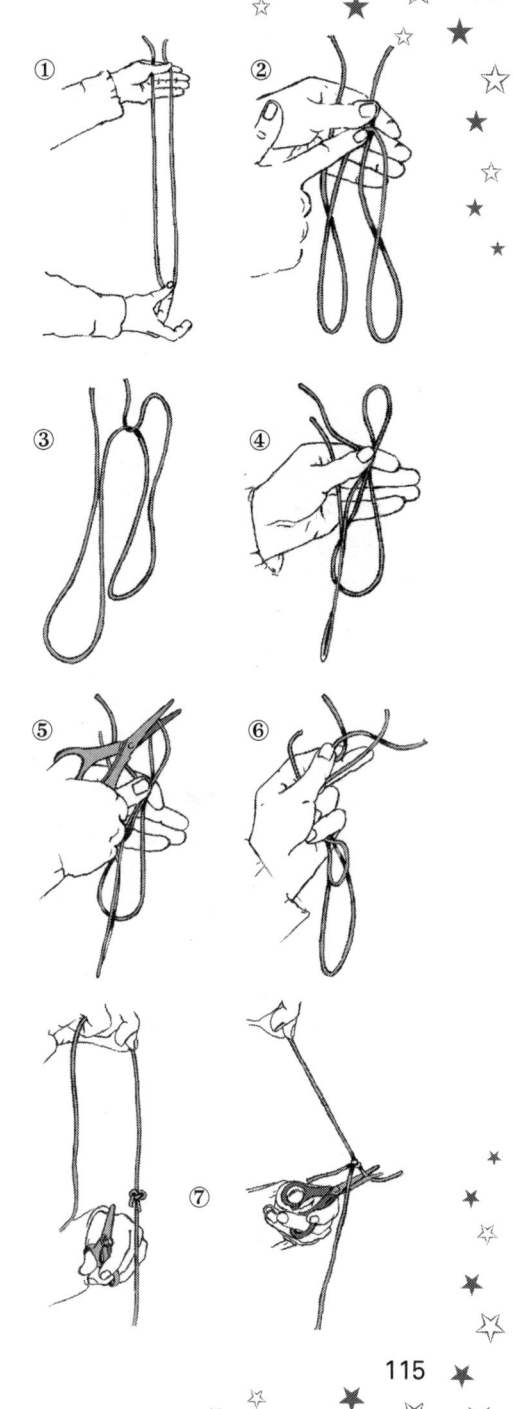

ab (Schritt 8 und 9).
Wenn ein Zuschauer
das Seil jetzt abwik-
kelt, ist der Kno-
ten verschwunden
(Schritt 10 und 11).

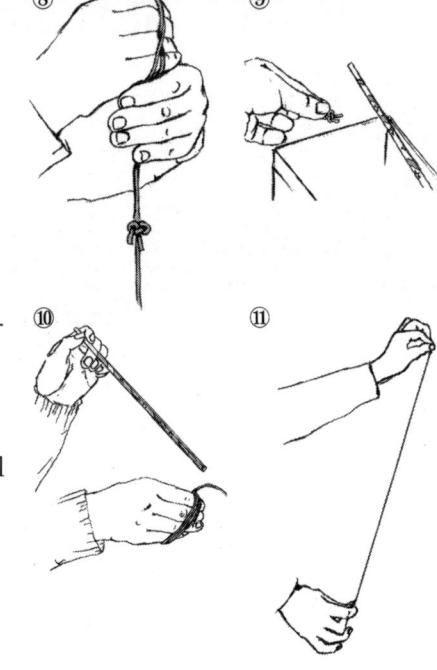

Tip 1: Der Medikus
muß darauf achten,
daß der Knoten wirk-
lich fest ist, damit er
nicht vorzeitig vom
Seil rutscht. Grund-
sätzlich muß das Seil
so glatt sein, daß der
Knoten sich gut dar-
auf bewegen kann.

Tip 2: Geräte und
Utensilien aus dem
Arztspielkoffer nutzen. Genau in dem Moment, wenn der
Zuschauer die „Schlangenzunge" zerschneidet, schreit der
Arzt „Aua" (stellvertretend für die Schlange).

Was schenkt die Zauberfee? Dieses Zauberkunststück erfordert gute Fingerfertigkeit und perfektes Einhalten der Handlungsanweisung und somit viel Konzentration und Übung.
Bei „Sheila" kann eine ganze Familie – groß und klein – mitmachen und eine richtige Theaterspielszene entwickeln.

Das Geheimnis männlicher und weiblicher Düfte

Effekt: Der Zauberer ist in der Lage, nur mit seiner magischen Nase zu entschlüsseln, ob ein weibliches oder männliches Wesen ihren oder seinen Namen auf einen Zettel geschrieben hat.

Schwierigkeitsgrad:

Alter: 14–99 Alter

Präsentation: *„Sehr verehrte Damen und Herren, Sie sitzen hier, ganz Frau oder ganz Mann, ganz Mädchen oder ganz Junge.*

Liebe Damen und Mädchen, halten Sie sich nun bitte die Nase zu, Sie jedoch, liebe Männer und Jungs, konzentrieren sich bitte ganz auf diesen unvergleichlichen Männerduft: herb, würzig, anregend und sinnlich."

Der Zauberer sprüht einen Herrenduft in Richtung Publikum.

„Atmen Sie diesen Duft mit einem tiefen Atemzug ein und Sie fühlen, wie er sich in Ihnen verbreitet, von der Nase hoch in Ihr Riechzentrum über den Kopf, den Hals, Ihre Schultern, angenehm strömend durch Ihre Arme und Hände bis in die Fingerspitzen. Halten Sie diesen zauberhaften Duft mit Ihren Händen fest!

Nun liebe Damen und Mädchen, während die Männer und Jungs sich ganz auf ihren ureigenen Duft konzentrieren, öffnen Sie Ihre Nasen!"

Der Zauberer sprüht einen Frauenduft in Richtung Publikum.

„Dieser zart blumige, hinreißend sinnliche und geheimnisvolle Duft strömt in Ihre Nase, hoch in Ihr Riechzentrum über den Kopf, den Hals, Ihre Schultern, angenehm durch Ihre Arme und Hände bis in die Fingerspitzen.

Halten nun auch Sie diesen zauberhaften Duft mit Ihren Händen fest!

Meine Helfer werden nun Zettel und Stifte verteilen, zunächst an die Männer. Bitte schreiben Sie auf diesen Zettel Ihren Vornamen. Um individuelle Abweichungen zu vermeiden, falten Sie alle Ihren Zettel genau so:"

Der Zauberer zeigt, wie die Zettel gefaltet werden sollen (jeweils zwei mal in der Hälfte knicken und falten). Die Helfer sammeln die Zettel ein. Ebenso werden Zettel an die Damen und Mädchen verteilt, von diesen beschriftet und von den Helfern wieder eingesammelt. Die Zettel werden von einem vertrauenswürdigen Zuschauer vor aller Augen gemischt.

„Nun, liebes Publikum kommt der große Augenblick: Mit verbundenen Augen, werde ich nun nur Kraft meiner Nase – so hoffe ich – erfahren, ob der Zettel in einer weiblichen oder in einer männlichen Hand war." Zettel für Zettel (bis etwa zehn Exemplare) wird intensiv beschnuppert. *„Mhmmm – ich rieche, mhmm fein herb, würzig, Pfeffer und Koriander ... diesen Zettel muß ein männliches Wesen beschriftet haben."* Ein Helfer faltet den Zettel auf und liest: „Herbert!"und zeigt dem Publikum den Zettel.

Das Geheimnis wird gelüftet: Des Rätsels Lösung liegt in den Zettelkanten: Die Hälfte der Zettel wird mit der Hand gerissen, die andere Hälfte mit der Schere geschnitten. Die Zettel mit den gerissenen Kanten werden an die Frauen und Mädchen verteilt, diejenigen Zettel mit den Schnittkanten an die Männer und Jungen. Während er zu riechen vorgibt, erfühlt der Zauberer mit seinen Händen, ob ein Zettel eine Schnittkante hat oder nicht. So kann er das Geschlecht bestimmen.

Tip: Beim Erfühlen der Zettel sind schauspielerische Fähigkeiten gefragt, die dem Publikum zeigen, wie intensiv der

Zauberer seine Nase einsetzt, so daß der Fokus auf dem Riechen und nicht auf dem Fühlen ist.

Was schenkt die Zauberfee? Konzentration für den Zauberer, viel Spaß und gute Laune für das Publikum, auch jüngere Kinder können als Zaubergehilfen verkleidet mitmachen und eine wichtige Funktion einnehmen, indem sie Zettel und Stifte verteilen und einsammeln.

Dieses Zauberkunststück fördert die taktil-kinästhetische Wahrnehmung und ganz besonders das Fingerspitzengefühl des Zauberers.

Zauberschule

Die festgehexte Hand

Effekt: Nach dem Kraftzauber vermag ein Erwachsener den auf dem Kopf liegenden Arm eines Kindes nur mit höchster Anstrengung zu lösen.

Schwierigkeitsgrad:

Alter: 3–99 Jahre

Präsentation: Vier Zauberschülerinnen treten mit ihrer Zauberlehrerin vor das Publikum. Diese erklärt: *„Meine Damen und Herren, wie Sie wissen, ist heute Tag der offenen Tür in der Zauberschule. Sie bekommen nun einen Einblick in das Unterrichtsfach „Kraftzaubern". Sie sehen hier vier Zauberschülerinnen, die sich erfreulicherweise*

*bereit erklärt haben, Sie an ihren Lernerfolgen etwas teil-
haben zu lassen."*

Alle Zauberkinder legen eine Hand auf den Kopf.

*„Der Kraftzauber ist noch nicht ausgesprochen und sie-
he da, bei jedem Kind kann ich leicht die Hand vom Kopf
wegnehmen. Jetzt vollführen wir den Kraftzauber. Dazu
brauchen wir, liebe Besucher, Ihre Hilfe. Wenn ich jetzt
gleich bis drei zähle, schenken Sie den Kindern viel Kraft
und rufen Sie „Kraft, Kraft, Kraft!".* Die Kinder empfangen
die Kraft und zeigen dies, indem sie sich ganz aufrecht und
gerade hinstellen und genußvoll ihre Muskeln zeigen.

*„Jetzt haben die Schülerinnen die Kraft empfangen. Bitte,
liebe Schülerinnen, legt jetzt nochmals eine Hand auf den
Kopf. Um die Wirkung des Kraftzaubers zu überprüfen,
bitte ich nun, vier kräftige Besucher vorzutreten. Bitte stellen Sie sich jeweils hinter eine Zauberschülerin. Und nun,
liebe Besucher, ergreifen Sie mit einer Hand von oben das
Handgelenk der Zauberschülerin und versuchen Sie, die
Hand vom Kopf des Kindes zu lösen.*

*Sehen Sie: Die Kinder haben soooo viel Kraft gewonnen.
Wir lernen daraus: Jeder Mensch hat Kraft in sich (auch
wenn er manchmal nicht an diese Kraft glaubt) und mit
dem richtigen Kraftzauber kann diese Kraft hervorgeholt
und sichtbar gemacht werden."*

Tip: Wenn die „Lehrerin" dieses Zauberkunststück präsentiert, ist es wichtig, auf die Formulierung zu achten: Sie
sagt: „*Versuchen* Sie, die Hand zu lösen" und beeinflußt
damit auch die Erwachsenen.

Was schenkt die Zauberfee? Auch wenn bei jüngeren Kindern
Mama oder Papa es natürlich schaffen, die Hand zu lösen,
merken die Kinder dennoch, daß sich die Erwachsenen ganz
schön anstrengen müssen. Das genießen besonders Kinder,
die immer glaubten, wenig körperliche Kraft zu haben.

Als ich es mit einer Kindergruppe im Kindergartenalter durchführte, waren manche Kinder über ihre neu entdeckten Kräfte so fasziniert, daß sie aufsprangen, mit den Fäusten auf die Brust trommelten und laut „Juchhu" riefen, während andere *„Wir haben Kraft"* sangen.

Wichtige Regel: Der Zuschauer darf nur eine Hand zum Hochheben benützen und er muß von oben auf das Handgelenk der Zauberschülerin fassen.

Wie man sich die Nase aus- und wieder einrenkt

Effekt: Die Nase wird auf Kommando mit deutlichem Knakken aus- und wieder eingerenkt.

Alter: 6–99 Jahre

Schwierigkeitsgrad:

Präsentation: Drei bis vier Zauberkinder stehen gemeinsam auf der Bühne und einer von ihnen – der Fakirmeister – spricht: *„Meine Damen und Herren: Nun kommen die Fakire. Sie sind zauberhafte Meister der Körperbeherrschung und in der Lage, ihre Nasen auf Kommando aus- und wieder einzurenken!*

Aber Achtung: Hierzu brauchen wir absolute Ruhe im Raum. Das Zauberkunststück ist hochgefährlich. Bitte alle Quarzuhren abdecken – Sie wissen, wegen der Strahlung. Ich bitte die Fakire, sich zu konzentrieren! ..."

Der Sprecher zählt: *„Eins – zwei – drei"* und die Zuschauer hören das Knackgeräusch, wenn die Kinder ihre Nasen ausrenken.

„Damit unsere Fakire mit geraden Nasen von der Bühne gehen können, das Ganze nun wieder zurück: Eins – zwei -drei!" – Krrrck!

Das Geheimnis wird gelüftet: Zum Aus- bzw. Einrenken der Nase werden die Hände mit ausgestreckten Fingern gefaltet. Dabei gehen die Zeigefinger an die Nasenwurzel, die kleinen Finger bleiben geschlossen. Während die Nase nach rechts oder links „geschoben" wird, macht ein Daumen an den Zähnen das Knackgeräusch. Manche Kinder fahren mit dem Fingernagel an der Außenfläche der Schneidezähne nach unten, manche ziehen mit dem Nagel von innen über die Zahnkante nach vorne. Alle Fakire sollten gut ausprobieren, was ihnen leichter fällt (Zahnspangenfakire sollen auf alle Fälle von innen nach außen „knacken").

Was schenkt die Zauberfee? Koordination – auch mit den anderen; Spaß, Erwachsene einmal zum Gruseln zu bringen. Dieses Zauberkunststück paßt auch gut ins Krankenhaus: Das Kind kann so ein wenig positive Körperbeherrschung erleben und sich selbst, aber auch seine Besucher zum Lachen bringen.

Die allerstärksten Kinder aus der Zauberschule

Effekt: Mit dem richtigen Kraftzauber ist der stärkste Mensch nicht kräftig genug, ein Kind nach hinten zu kippen.

Schwierigkeitsgrad:

Alter: 8–99 Jahre

Präsentation: *„Meine Damen und Herren, heute, am Tag der offenen Tür in unserer Zauberschule, haben Sie die einmalige Gelegenheit, dem Unterrichtsfach ‚Kraftzauber und Fakirkunststücke' beizuwohnen. – Ich bitte die Zauberschüler, sich jetzt auf den Boden zu setzen. Nun brauchen wir drei ganz besonders starke Menschen."* Die Kinder setzen sich auf den Boden. *„Nun versuchen Sie, die starken Menschen, die Zauberkinder nach hinten zu kippen – ich vermute, daß Sie es schaffen."*

Die starken Menschen aus dem Publikum kippen die Kinder um.

„Aber nun werde ich, die Zauberlehrerin, den Kraftzauber herbeirufen:

Zaubergeister kommt herbei, gebt uns Kraft aus Krötenei und die ganze Kinderstärke gehe hier mit Macht zu Werke!

So, jetzt probieren Sie noch einmal, die Kraftkinder nach hinten zu kippen. Bei eins und zwei und drei drücken Sie alle noch einmal ganz fest!" Die starken Menschen aus dem Publikum versuchen die Kinder umzukippen, aber sie schaffen es nicht!!! *„ Der Zauber hat gewirkt! Applaus für die stärksten Kinder der Welt, und Dank an die starken Menschen aus dem Publikum!"*

Das Geheimnis wird gelüftet: Die Technik mag den Kampfsportlern unter Ihnen bekannt sein: Um besonders stark zu sein, greifen die Kinder die Unterarme der Erwachsenen von unten (vgl. Abb.) und richten den Blick und ihre ganze Konzentration auf den Boden zwischen ihren Beinen. Wenn die Technik so ausgeführt wird, können die Kinder nicht umgekippt, sondern allenfalls nach hinten geschoben werden.

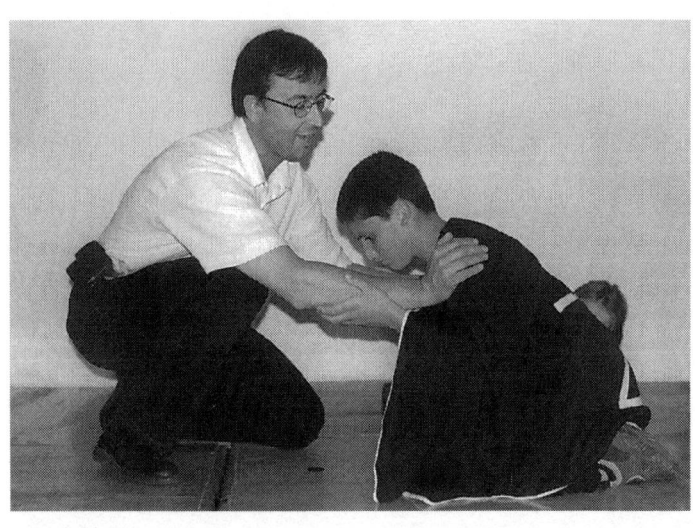

Was schenkt die Zauberfee? Eine verblüffende Lernerfahrung, die sich auch auf ganz andere Situationen und Lernvorgänge übertragen läßt: Wenn ich in die richtige Technik eingeweiht bin, kann ich Dinge, die ich zuvor nicht für möglich gehalten hätte; mit dem nötigen „Gewußt-wie" lassen sich scheinbar auswegslose Situationen positiv beeinflussen.

Tip: Der „Kraftzauber"klappt nur dann, wenn er auf einem Parkett oder einem anderen glatten Boden vollzogen wird. Bei bremsendem Untergrund wie Teppichboden ist ein „Meditationsteppich" unter den Po des Fakirs zu legen: am besten eine entsprechend große Plastiktüte. Schwungvoll entrollt sind aufgewickelte Müllbeutel eine zusätzliche Auftrittseinlage für ein jüngeres Kind.

Im Unterrichtsfach Vermehrungszaubern

Effekt: Von vier Strohhalmen werden ein, zwei, drei oder sogar vier weggenommen und es bleiben dennoch immer vier übrig.

Schwierigkeitsgrad:

Alter: 12–99 Jahre
(Dieses Zauberkunststück wirkt auf den ersten Blick leicht, meiner Erfahrung nach können aber erst Kinder ab etwa 12 Jahren dieses Zauberkunststück gut und mit scheinbarer Leichtigkeit so präsentieren, daß es wirklich eine Illusion bleibt.)

Präsentation: *„Meine Damen und Herren, liebe Nichtzauberer und Nichtzauberinnen. Als Zauberlehrerin begrüße ich Sie zum Unterrichtsfach Vermehrungszaubern. Heute dürfen Sie den Zauberkindern beim Rechenunterricht zusehen. Jedes Kind nimmt vier Strohhalme in die Hand. Gemeinsam zählen wir jetzt: Eins – zwei – drei –vier. Ihr nehmt einen Strohhalm weg und legt ihn auf den Tisch. Jetzt zählen wir noch mal: Ihr habt jetzt?"*

„Drei!", sagen die Kinder. *„Oh nein!"*, stöhnt die Lehrerin, *„das ist irdisches Rechnen – so rechnen die normalen Menschen, aber wir sind doch hier in einer Zauberschule! Konzentrieren wir uns nochmals, laßt uns alle zusammen sprechen:*

Abrakadabra, simsalabim,
ich bin die Vermehrungszauberin
kommt herbei, liebe Zaubergeister,
ich werde jetzt Vermehrungsmeister".

Dabei machen die Lehrerin und ihre Schülerinnen und Schüler magische Kreisbewegungen und klopfen sich rhythmisch auf die Brust.

„Ach, und dann haben wir noch den Vermehrungszauberspruch vergessen. Wißt ihr noch, der geht so:

Du mußt verstehen,
die vier muß gehen,
aus fünf mach sechs,
so sagt die Hex,
wie viel auch gehen,
vier bleiben stehen.

Also: Du mußt verstehen, die Vier muß gehen!" – jedes Kind legt einen Strohhalm ab und zählt nach: *„Eins – zwei – drei – vier: Noch vier übrig!"*

Das Abgeben eines Strohhalmes kann zwei- bis dreimal wiederholt werden, und trotzdem: *„Eins zwei drei vier: Immer noch sind vier übrig!"*

Das Geheimnis wird gelüftet: Für dieses Zauberkunststück werden etwas dickere Plastik-Trinkhalme ohne Knick präpariert: Die Hälfte der Halme wird mit einer spitzen Schere oder einem scharfem Messer der Länge nach bis auf etwa einen Zentimeter aufgeschnitten, so daß sie jeweils in einen nicht präparierten Halm hineingeschoben werden können. Das nicht aufgeschnittene Stück des präparierten Trinkhalms ist ein „automatischer Stop" und gleichzeitig wie ein kleiner Griff. Das am anderen Ende nun überstehende Teil des äußeren Halmes muß abgeschnitten werden, damit die „gefüllten" Halme nicht zu lang wirken.

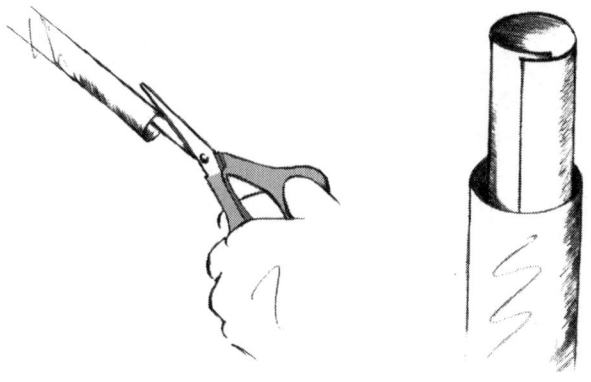

Für die Illusion ist es wichtig, die Halme in einer schwungvollen, zur Seite gerichteten Bewegung (die den ganzen Körper mit einbezieht) herunterzuziehen und deutlich sichtbar abzulegen (misdirection – so wird die gezielte Ablenkung der Zuschauer beim Zaubern genannt). Jeder abgezogene, aufgeschnittene Halm wird entweder sofort von einem Helfer eingesammelt oder verschwindet in der Zauberkiste (damit die Zuschauer nicht erkennen können, daß die Halme aufgeschnitten sind).

Tip 1: Solche Trinkhalme sind am besten in großen Supermärkten und im Großhandel zu erhalten.

Tip 2: Ein jüngeres Kind kann Zauberassistenz spielen und auf einem schönen Tablett (oder Ähnlichem) die abgelegten Strohhalme einsammeln.

Kinder und Familien, die Bücher wie *Die kleine Hexe*, *Bibi Blocksberg* und *Harry Potter* lieben, können sich von diesen nach Herzenslust anstecken lassen und ihren Zauberideen freien Lauf lassen. Natürlich werden die Zauberschüler dann ganz bestimmte Namen, Kostüme und Maskottchen bekommen.

Variation: Für alle Gelegenheiten, bei denen Verbundenheit, Nähe und Schenken illustriert sein wollen, sind die sich vermehrenden Strohhalme ein schönes Bild: Zuneigung und Liebe, Ideen und Fähigkeiten „wachsen" nach und vermehren sich, wenn wir sie verschenken.

Ihnen fallen für Ihr ganz individuelles Fest und Ihre Beziehung zu den Menschen, mit denen gefeiert wird, sicher eigene, ganz spezielle Formulierungen für die Präsentation ein.

So kann das Zauberkunststück „Vermehrungszaubern" selbst ein schönes Geschenk für eine Geburtstags- oder Hochzeitsfeier und dergleichen mehr werden.

Zaubern zur Gestaltung von Kinderfesten

An einem Beispiel möchte ich aufzeigen, wie es gelingen kann, zauberleicht einen „Übergangsgeburtstag vom Kind zum Jugendlichen" zu feiern, der garantiert allen gefällt. Übliche Geschenke für die Gäste werden durch den Erwerb neuer Fähigkeiten ersetzt und die Kinder und Jugendlichen sind hoch motiviert und konzentriert.

Christians zwölfter Geburtstag

Christian, der Sohn einer Freundin, und seine Mutter wünschten sich, daß sein zwölfter Geburtstag ganz besonders schön und zauberhaft sein sollte, und baten mich, auf diesem Geburtstag eine kleine Zaubervorführung zu machen. Meine Idee war dann, Christian mitsamt seinen Gästen innerhalb der Geburtstagsfeier so in „Zauberlehrlinge" zu verwandeln, daß sie selbst am Ende des Festes für ihre Eltern einen Überraschungszauberauftritt präsentieren könnten. Christian gestaltete gemeinsam mit seiner Mutter die Dekoration und die Einladung.

Nachdem die Gäste, fünf Jungen im Alter von elf bis dreizehn Jahren, angekommen und begrüßt worden waren, zogen sie sich mit mir als Zauberlehrerin ins geheime „Zauberzimmer" zurück. Dort erwarben sie zunächst Grundlagen wie die goldenen Regeln der Zauberkunst (s. S. 46) und erhielten einige Tips zur Pannenhilfe (s. S. 94). Innerhalb von etwa zwei Stunden – inklusive Generalprobe – sollten die „Zauberlehrlinge" drei Zauberkunststücke erlernen.

Nachdem ich das erste Kunststück präsentiert hatte, brachte ich es den „Zauberlehrlingen" bei. Als sie es gelernt hatten, fanden sie sich zu zweit zusammen. Einer führte das Kunststück vor und der andere sah mit dem kritischen Blick eines Regisseurs zu und gab Hilfen, damit das Zauberkunststück „publikumstauglich" wurde.

Weil die Jungen dieser Gruppe sich gegenseitig besonders kritisch beäugten und allen sehr wichtig war, daß das Publikum die Trickhandlung nicht heraus finden würde, entschied ich mich, sie noch ein besonderes Kunststück zu lehren; eines, das ich normalerweise nur Jugendliche ab 15 Jahren und Erwachsene lehre.

Das Programm der Zauberaufführung

1. Kunststück: Die wundersame Intuition des Zuschauers (vgl. Die Zauberkraft des Besuchers, S. 84)
2. Kunststück: Der verlorene Zaubergeist
Bonuskunststück: Die Kunst, den Körper gelddurchlässig zu machen (s. S. 77)
3. Kunststück: Das stärkste Geburtstagskind der Welt als Abschluss des Geburtstagsfestes

Die wundersame Intuition des Zuschauers

(Dieses Zauberkunststück ist eine Variation von Die Zauberkraft des Besuchers aus Kapitel 9)

Effekt: In Anwesenheit der Hellseherin ist die Intuition des Zuschauers so stark, daß dieser aus mit der Bildseite nach unten liegenden Karten ganz bestimmte treffsicher herausspürt.

Schwierigkeitsgrad: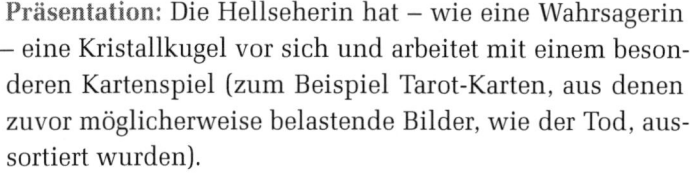

Alter: 10–99 Jahre

Präsentation: Die Hellseherin hat – wie eine Wahrsagerin – eine Kristallkugel vor sich und arbeitet mit einem besonderen Kartenspiel (zum Beispiel Tarot-Karten, aus denen zuvor möglicherweise belastende Bilder, wie der Tod, aussortiert wurden).

Die Hellseherin versenkt sich tief in ihre Kristallkugel und findet einen Zuschauer, der gerade zum jetzigen Zeitpunkt besonders viel magische Intuition hat: Es ist – was für ein Zufall! – das Geburtstagskind! Sie bittet dieses zu sich und reicht ihm das Intuitions-Kartenspiel zum Mischen. Danach breitet die Hellseherin die Karten mit der Bildseite nach unten mit magischen, kreisenden Handbewegungen durcheinander aus.

„Liebes Geburtstagskind, in meiner Kugel habe ich gesehen, daß heute Dein ganz besonderer Tag ist. Und nicht nur, weil Du Geburtstag hast! Du hast Fähigkeiten in Dir, von denen Du noch nichts weißt, und die wir nun ans Licht bringen werden.

Es geht um Deine Intuition. Lass mich einmal nachschauen: Meine Zauberkugel sagt mir, welche Karte Du mit Deiner Intuition finden sollst. Jetzt konzentriere Dich ganz fest: Strecke eine Hand aus und suche den Narren. Erspüre die Karte und tippe mit dem Finger darauf." – Die Hellseherin betrachtet die Karte*: „Oh – gut getroffen. – Jetzt spüre: Wo liegt die Sonne? – Hey, gut gemacht! – Und jetzt noch die sieben Kelche! – Oh- Du kannst an Deine Fähigkeiten glauben! – Jetzt am Ende suche ich noch eine Karte für Dich – meine Zauberkugel sagt mir, welche ich ziehen soll: Ah, ich sehe: Ich soll den Turm ziehen."*

Die Hellseherin nimmt die vier Karten in die Hand und

sagt: *„Sag mir nun: welche Karten solltest Du intuitiv erspüren?"* Die Hellseherin legt die Karten der Reihe nach auf den Tisch. *„Herzlichen Glückwunsch, wir wußten doch immer schon, welch wunderbare Fähigkeiten Du hast! Vertraue auf Deine Fähigkeiten und setze sie ein!"*

Tip 1: Damit sich das Geburtstagskind voll auf seine Intuition konzentrieren kann, kann die Hellseherin die zu ziehenden Karten nebenher aufschreiben.

Das Geheimnis wird gelüftet: Die Hellseherin nimmt das vom Geburtstagskind gemischte Kartenspiel auf. Während sie nach dem Mischen das Kartenspiel entgegen nimmt und in den Händen zu einem glatten Stapel formt – in der Sprache der Kartenzauberer „egalisieren" genannt – betrachtet sie unauffällig die unterste Karte und merkt sich diese.

Sie verteilt die Karten mit der Bildseite nach unten großflächig auf dem Tisch – dabei fixiert sie mit dem kleinen Finger die unterste Karte und legt sie an eine Stelle, die sie sich merken kann.

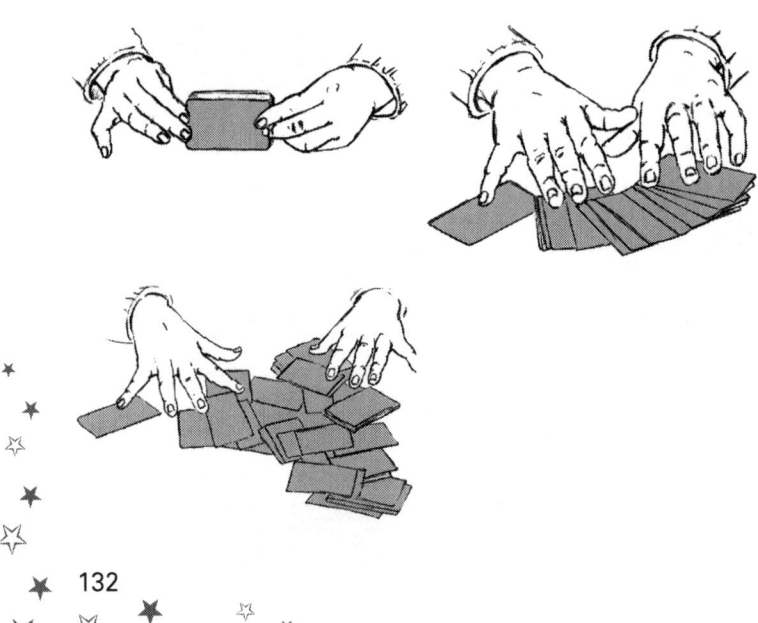

Wenn die unterste Karte der Narr war, fordert sie das Geburtstagskind auf, mit seiner Intuition den Narren zu finden. Das Geburtstagskind zeigt auf eine Karte, welche die Hellseherin dann so aufnimmt, daß das Geburtstagskind die Bildseite nicht sehen kann, sie selbst merkt sich die Karte. Es ist die Sonne.

Also bittet sie das Geburtstagskind, die Sonne zu erspüren. Das Geburtstagskind zeigt auf die sieben Kelche. Also bittet die Hellseherin das Geburtstagskind, die sieben Kelche zu erspüren. Das Geburtstagskind zeigt auf den Turm.

Die Hellseherin „testet nun ihre eigene Intuition" und gibt vor, den Turm zu erspüren, nimmt jedoch die unterste Karte, also den Narren, auf und fügt diese als vierte Karte dazu.

Tip 2: Klar, daß das ganze Zauberkunststück schöner wird mit gezielten Accessoires. Das kann ein Turban, ein auffallender Ring, eine rote Perücke, eine auf dem Tisch sitzende Eule und vieles mehr sein: Ihrer Phantasie zum Erzeugen der richtig schön wahrsagerischen Stimmung sind keine Grenzen gesetzt.

Variation: Wenn die Hellseherin Lust hat, dem Geburtstagskind ein ganz besonderes Geschenk zu machen, hat sie weitere Gestaltungsmöglichkeiten: Sie kann sich in die Karten vertiefen und deren positive Bedeutung für das Geburtstagskind erforschen. Diese gibt sie ihm als aufbauende Worte zu jeder Karte mit.

Außerdem können statt Tarot-Karten auch speziell für einen bestimmten Menschen gestaltete oder gezielt ausgewählte Bildkarten verwendet werden. Das können gute Wünsche sein, aber auch die spezifischen Fähigkeiten eines Menschen oder schöne Erlebnisse oder Fotos.

Was schenkt die Zauberfee? Möglichkeit, Freundschaft und Verbundenheit auszudrücken und zu festigen sowie positive Bedeutungen und Umdeutungen zu erkennen; Konzentration und visuelle (Raum-Lage-) Wahrnehmung.

Achtung: Dieses Zauberkunststück hat eine verblüffende magische Wirkung, wenn es wirklich gekonnt präsentiert wird. Das Betrachten und Auslegen der untersten Karte muß unauffällig sein.

Der verlorene Zaubergeist

Effekt: In eine leere Geisterschachtel zieht der Zaubergeist ein

Material: Eine verzierte Streichholzschachtel, ein Geldstück

Schwierigkeitsgrad:

Alter: 8–99 Jahre

Präsentation: Mit traurigem Gesicht betritt der Zauberer die Bühne. *„Ich habe meinen Zaubergeist verloren. Er war in dieser Schachtel und jetzt ist sie leer."* Als Beweis dafür, daß die Geisterschachtel leer ist, wird die geöffnete Schachtel gezeigt und außerdem noch geschüttelt.

„Mein Zaubergeist schwirrt hier irgendwo herum. Helft Ihr mir, meinen Zaubergeist zu fangen?! --- Klasse! --- Also: Ihr greift jetzt alle in die Luft und versucht, den Geist zu fassen. Ich zähle bis drei und bei „drei!" werft Ihr ihn in

134

meine Geisterschachtel. Hoffentlich erwischt Ihr ihn!! Also:
(Alle Zuschauer greifen in die Luft.) *Eins – zwei – drei!* Alle
Zuschauer machen bei „drei!" eine Werfbewegung und der
Zauberer mit seiner Schachtel eine Fangbewegung – und
jetzt können alle hören, daß der Zaubergeist in seiner Gei-
sterschachtel ist.

Das Geheimnis wird gelüftet: In die halb geöffnete, ver-
zierte Streichholzschachtel wird ein Geldstück geklemmt.
Wenn die Lade geschlossen wird, fällt automatisch das
Geldstück in die Schachtel.

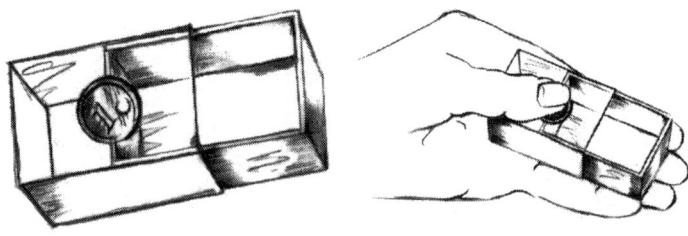

Tip: Damit dieses kleine Kunststück zu einer wirklich
schönen Illusion wird, ist zu beachten: Durch wiederholtes Vorführen leiert die Schachtel etwas aus und es kann
passieren, daß der Zaubergeist zu früh in die Schachtel
fliegt. Deshalb unbedingt den Daumen auf die Schachtel
legen, damit das Geldstück fixiert wird. Außerdem muß
das Umgreifen (von ‚Daumen drauf' zu ‚Lade schließen')
etwas geübt werden.

Variation: Der Poltergeist Christian und seine Geburtstags-
gäste präsentierten den verschwundenen „Poltergeist" alle
gleichzeitig, wobei ein Junge aus der Gruppe die Ansage für
alle machte. Er sprach mit einer ganz krächzenden Stimme:
Mit Hilfe dieser Verstellung war gleich jedes Lampenfieber
verschwunden und er war sogar in der Lage, innerhalb des

Auftrittes originell zu improvisieren. (Übrigens: Verstellungen und Verkleidungen helfen nicht nur Kindern und Jugendlichen, spontaner und freier zu agieren.)

Was schenkt die Zauberfee? Viel Konzentration; Förderung der Handmotorik (vor allem beim Verzieren der Schachtel); Handlungsplanung und -steuerung durch genaue Anweisung des Publikums und gleichzeitiges Reagieren auf dessen Wurfbewegung. Für den Sprecher: Stärkung des Selbstvertrauens.

Das stärkste Geburtstagskind der Welt

(Variation von Die allerstärksten Kinder aus der Zauberschule (vgl. S. 123)

Effekt: Bei seiner Geburtstagsfeier darf das Geburtstagskind das stärkste sein: Dieses zeigt den Kraftzauber, wobei der stärkste Mensch nicht in der Lage ist, das Geburtstagskind nach hinten zu kippen.

Präsentation: wie bei Die allerstärksten Kinder aus der Zauberschule

Die anderen „Zauberlehrlinge" stehen als Kraftgeber am Rand der Bühne. Sie „werfen" mit beiden Händen dem Kind Kraft zu und sagen dabei immer: *„Kraft, Kraft, Kraft!"*

Was schenkt die Zauberfee? Förderung der Konzentration und der Körperkoordination; Stärkung des Selbstwertgefühls: Gerade Kinder, die sich als schwach erleben, erfahren sich so als stark und glauben an die eigene Kraft.

Als Künstlername – dieser wirkt verbindend für die Gruppe und verstärkt das Gefühl des Rollenwechsels zum Künstler – fanden die Jungs „Spidermagicbuben" „obercool".

Dies galt auch für ihr verändertes Aussehen: Sie ließen sich mit Teilen eines Deko-Spinnennetzes und schwarzem Zahnlack „verschönern".

Um für den Auftritt gelassen, fit und kreativ zu sein, führte die Gruppe ein paar kurze Übungen aus dem Schauspieltraining (vgl. S. 95) durch: Wir standen im Kreis, faßten uns an den Händen und „rappten" Sprechchöre wie: *„Ich darf meine Stärken zeigen, ich darf auch Fehler machen, ich darf so sein wie ich will."* Hände haltend gingen wir vom Außenkreis in den Innenkreis und variierten verschiedene Tonlagen und Lautstärken.

Ein Extratip für Geburtstagskinder mit jüngeren Geschwistern, die noch nicht in die Zaubergeheimnisse eingeweiht werden dürfen/ können. Immer, wenn ein Zauberkunststück eingeübt ist, dürfen die jüngeren Geschwister im Zauberzimmer als Probepublikum mitmachen und verschwinden dann wieder. Das hält „die Kleinen" in Spannung und Laune, denn sie sind im Vergleich zum „normalen" Publikum etwas Besonderes. So sind sie nicht Störenfriede, sondern Helfer.

Vor, während und nach dem Auftritt – Resümee

Mich faszinierte der Ideenreichtum und das Suchen nach Variationen in der Präsentation: Einige Male passierte es, daß ein Junge ein Kunststück vorführte und drei andere sich an verschiedene Positionen (vor, rechts und links neben den Vorführenden) stellten, um zu prüfen, wo das Publikum sitzen soll, beziehungsweise wie sie sich positionieren müssen, damit das Geheimnis nicht durchschaubar wird. Besonders in der Kunst, den Körper gelddurchlässig zu machen, waren sie extrem genau, vielleicht auch, weil sie so gut wie Jugendliche und Erwachsene präsentieren wollten.

Sie schienen an der Herausforderung, ein schwieriges Zauberkunststück zu erlernen, geradezu zu wachsen, und ich war wieder einmal begeistert, mit welcher Leichtigkeit das Medium Zaubern und eine magische Atmosphäre Kinder und Jugendliche zu einem hoch konzentrierten Tun bringt. Die Jungen waren so in ihrem Handeln versunken, daß die Zeit stehenzubleiben schien.

Auch Bastelarbeiten wie das Verzieren von Streichholzschachteln (für das Zauberkunststück Der verlorene Zaubergeist) haben den „Zauberlehrlingen" sichtlich Freude bereitet. Mit Gold- und Silberfolie verkleideten sie die Schachtel und dekorierten sie dann mithilfe von Stern-, Mond- und Fledermauslochern (siehe Zauberrequisiten, S. 101).

Ganz besondere Freude schienen die Jungen am „Kraftzauber" beim stärksten Geburtstagskind der Welt zu haben: Sie verabschiedeten sich am Ende der Feier, indem sie immer wieder „Kraft, Kraft, Kraft!" sagten und sich diese imaginär zuwarfen.

Einige Eltern der „Zauberlehrlinge" waren überrascht, daß ihre „großen Buben" mit so einer Begeisterung basteln, spielen und darstellen konnten. Die Jungen fanden sich selbst keineswegs zu erwachsen und zu cool, sondern hatten Freude am Rollenwechsel und am Zaubern.

Zauberkunststücke für das Hochzeitsfest

Eignungstest für Brautpaare

Dies ist eine lustige Variante von Hellseher im Zauberzirkel (s. S. 111), um festzustellen, ob die Familien von Braut und Bräutigam zusammenpassen.

Effekt: Die Mütter von Braut und Bräutigam finden durch die Kraft des Zauberers ein Bild heraus, auf das sich die Zuschauer in ihrer Abwesenheit geeinigt haben.

Schwierigkeitsgrad:

Alter: 16–99 Jahre

Vorbereitung: Damit der „Test" für die Hochzeitsgesellschaft unterhaltsam und visuell ansprechend ist, werden neun originelle Fotos von Braut und Bräutigam verwendet. Alle sind auf das gleiche Format (etwa DIN A 4) vergrößert.

Präsentation: *„Hochwohlversehrtes Krautpaar, äh – ich meine hochwohlverehrtes Brautpaar.*

Wir alle wissen: Heutzutage ist es wichtig, ganz genau hinzuschauen, ob man auch wirklich zusammenpaßt.

Deshalb, liebe Hochzeitsgesellschaft, habe ich einen Test entwickelt, der mit 111%iger Sicherheit in maximal 13 Minuten feststellt, ob Braut und Bräutigam eine wirklich gute Wahl getroffen haben, und wir weiter feiern sollen.

Liebes Brautpaar, seid ihr bereit, euch diesem Test zu unterziehen? – Keine Angst, es ist kein Blut- oder Speicheltest.

Das Wichtigste für das gute Gelingen einer Ehe ist – wie lust- und leidvolle Erfahrungen belegen –, daß die Schwiegermütter gut zusammenpassen. Genau das wollen wir nun gleich im Hier und Jetzt testen. Denn wie bei allen Verträgen, so können auch beim Hochzeitsvertrag alle Vertragspartner ohne Wenn und aber innerhalb von 74 Stunden zurücktreten.

Keine Angst, liebe Hochzeitsgäste, angenommen der Test fällt negativ aus – wir feiern trotzdem!!!

Meine Damen und Herren, ich bitte nun die Mutter der Braut vor die Türe. Bitte, liebe Mutter des Bräutigams, suchen Sie nun ein Foto aus."

Die Brautmutter wird wieder hereingerufen und die Zauberin zeigt nun mit dem Zauberstab (Besenstiel als Zauberstab besprühen oder einen anderen einfachen Holz- oder Metallstab nehmen) der Reihe nach schweigend auf jedes Bild. Die Brautmutter findet tatsächlich auf Anhieb das richtige Foto.

„Was für ein Glück, diese Schwiegermütter haben mit ihrer zauberhaften Intuition den Test bravourös bestanden. Meine Damen und Herren, Sie fragen sich jetzt: Glück, Zufall? Lassen Sie uns nach den hochkarätigsten Familienmitgliedern nun eine Testperson aus dem weiter verzweigten Familiensystem wählen, sozusagen als Moppelbind- äh als Doppelblindversuch. Wenn der auch noch klappt, treffen wir uns bestimmt alle wieder bei der Silberhochzeit."

Das Geheimnis wird gelüftet: Die beiden Schwiegermütter sind in die Kunst des Hellsehens eingeweiht und wissen, daß der Zauberstab beim Tippen auf das erste Foto die Position des gewählten Fotos anzeigt *(s. auch S, 112)*.

Variation: Der „Doppelblindversuch": Ein Gast sucht ein Foto, ein anderer (nicht eingeweihter) bekommt den Zauberstab, um die Schwiegermutter als Medium zu befragen. Bei dieser Variante verwendet der Zauberer sein Gesicht als Übermittler des gewählten Symbols. Finger am Haaransatz links bedeutet Bild oben links, linkes Ohrläppchen bedeutet unten links, rechtes Auge bedeutet Mitte rechts usw.

Der Sprung ins Eheleben

Effekt: Auf Kommando der Zauberin springt ein schwarzes Haargummi von Ring- und kleinem Finger zu einem weißen Haargummi auf Mittel- und Zeigefinger.

Schwierigkeitsgrad:

Alter: 14–99 Jahre

Präsentation: Die Zauberin hat je einen weißen und einen schwarzen Haargummi in einer Hand und präsentiert diese dem Publikum:

„Liebe, sehr verehrte Hochzeitsgäste: Es waren einmal eine Angelina und ein Andreas. Sie trafen und verliebten sich und gingen gemeinsame Wege." Die Zauberin schiebt „Angelina" über Zeige- und Mittelfinger und „Andreas" über Ring- und kleinen Finger.

„Sie gingen viele Wege nebeneinander und miteinander ..." Dabei läßt die Zauberin einmal „Andreas" und einmal „Angelina" gehen – das heißt, sie stellt mit den entsprechenden Fingern die Gehbewegung dar. Dabei kann „Andreas" pfeifen und „Angelina" trällern, auch können markante Geschichten und Anekdoten aus dem Leben des Brautpaares mit eingebracht werden.

„...doch so ganz, ganz, ganz zusammen waren sie immer noch nicht. Erst heute ist das Magische passiert: Vor unseren Augen und Ohren hat Andreas seine Angelina gefragt: Willst du meine Frau werden? und den Sprung gewagt," – das schwarze springt zum weißen Gummiband – *„gemeinsam mit ihr als Ehepaar durchs Leben zu gehen."*

Im Anschluß daran kann ein Lied für das Brautpaar gesungen werden wie „Viel Glück und viel Segen ...". Die beiden dekorierten Haargummis werden dem Brautpaar als Erinnerung geschenkt.

Das Geheimnis wird gelüftet: „Angelina" sitzt über Zeige- und Mittelfinger und „Andreas" auf Ring- und kleinem Finger. Die Zauberin zeigt beide deutlich (auch die Handinnenfläche) und läßt sie „gehen". Bei der Vorbereitung zum „Sprung" läßt sie beide Hände locker hängen und spricht mit den Gästen (Ablenkung) wie oben beschrieben. Währenddessen schiebt sie den Daumen der „geschmückten" Hand bis zum Daumennagel in den „Andreas"-Haargummi und spannt diesen so, daß die Fingerspitzen von kleinem, Ring-, Mittel-

und Zeigefinger in den Gummiring schlüpfen können. Den Daumen zieht sie dann wieder heraus. Die Zauberin zeigt die Faust und achtet darauf, daß die Lage des „Andreas"-Haargummis um die vier Finger unsichtbar ist. Genau dann, wenn sie vom Sprung in die Ehe spricht, streckt sie blitzschnell die Finger und „Andreas" springt zu „Angelina".

Dekoration: „Angelina" ist mit einem winzigem Schleier und „Andreas" mit einer Fliege geschmückt.

Variation: Dieses Zauberkunststück kann auch bei einer silbernen oder goldenen Hochzeit aufgeführt werden. Es vermag Erinnerungen wachzurufen an die „schöne Zeit der jungen Liebe".

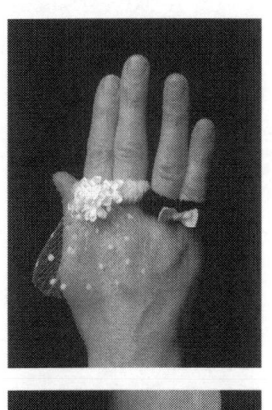
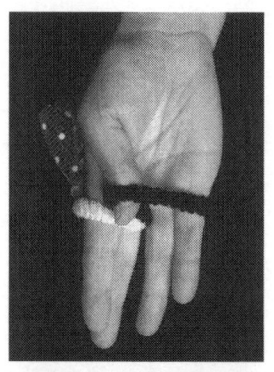
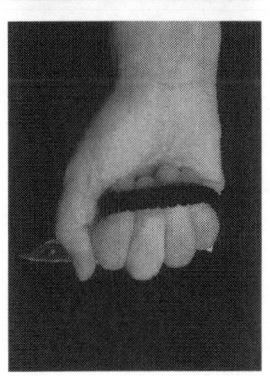
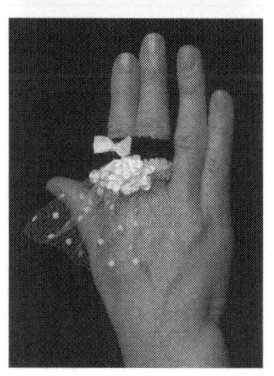

„Lassen Sie uns gemeinsam zurückblicken auf diesen ganz besonderen Tag vor genau 25 Jahren. Schon drei Jahre waren sie gemeinsam gegangen und hatten viel erlebt." Hier können wieder liebenswerte Anekdoten aus der Zeit vor der Hochzeit erzählt werden. *„Und dann war es so weit: Unsere Karoline fragte ihren Karl: Willst du mein Gatte werden? – oder war es umgekehrt? Und nur weil er Ja sagte, konnte sie den Sprung wagen. Dieser Sprung feiert heute sein fünfundzwanzigjähriges Jubiläum – und wir alle freuen uns, mitfeiern zu können."*

Das wachsende Herz

Effekt: Mit „Zauberscheren" verwandelt die Zauberin ein Papierherz so, daß das Brautpaar hindurchsteigen kann.

Schwierigkeitsgrad:

Alter: 7–99 Jahre

Präsentation: Die Zauberin zeigt ein großes, aus einem etwa DIN A3 großem, roten Papier (etwas stärkere Qualität) geschnittenes Herz.

„Die Liebe des Brautpaares ist groß, das Herz, das ich in der Hand habe, ist es auch. Wie sich die Liebe im Laufe des Zusammenseins verändern kann, so kann auch dieses Herz wachsen. So sehr, daß das Brautpaar gemeinsam hindurchsteigen kann. Ich behaupte, daß ich mit einer stinknormalen Haushaltsschere dieses Wunder des wachsenden Herzens bewirken kann. Wer wettet dagegen?"

144

Jetzt ist es die Aufgabe der Zauberin, von den Hochzeitsgästen eine witzige, kreative Gegenwette herauszulocken. Ein Lied, ein Gedicht, je nachdem was für die Stimmung und Atmosphäre gut ist.

Beim Schneiden regt die Zauberin die Gäste zu Tips, Wünschen und guten Taten für das Brautpaar an, welche den Alltag entlasten und die Liebe wachsen lassen. Sie kann zuvor auch Zettel verteilen, auf denen Wünsche und kleine Hilfsangebote stehen und diese vorlesen lassen.

Beispiele: *„Ich führe den Hund aus."*; *„Ich lege Euch an einem schönen Sonntagmorgen überraschend Brötchen vor die Tür."*; *„Ich erzähle dem Brautpaar drei Witze."*; *„Ich wünsche, daß der Bräutigam sein Leben lang nicht an den Hochzeitstag erinnert werden muß."*; *„Ich wünsche die richtige Mischung zwischen Zweisamkeit und Eigenleben."*; *„Wir gießen die Blumen beim nächsten Urlaub."*; *„Ich werde die Blumen nicht gießen, wenn es nicht ausdrücklich gewünscht und vereinbart ist."*; *„Ich wünsche dem Brautpaar Schmunzelfähigkeit über die kleinen Schwächen des Partners und der Partnerin über das akute Verliebtheitsstadium hinaus."*; *„Ich wünsche der Braut, daß sie für die Zeit der Sportsendungen am Samstagabend genußvolle eigene Unterhaltungsmöglichkeiten findet."*

Bei jedem Wunsch für das Brautpaar und jeder guten Tat „wächst" das Herz, indem die Zauberin es mit einem oder mehreren Schnitten vergrößert.

„Alle Wünsche und guten Taten sind beim Herz angekommen, so daß es wachsen kann. Deshalb, liebes Brautpaar, kommt einmal her. Bitte helft nun mit Eurer ureigenen Kraft – denn ein bißchen was müßt Ihr ja auch dazu tun – und pustet mit Eurer Zauberpuste. Und Abrakadabra und Simsalabim – pust, pust, pust – - -

Oh wie wunderbar: Das Herz ist so groß, daß Ihr gemeinsam durchsteigen könnt!"

Das Geheimnis wird gelüftet: Das Herz in der Längsachse zusammenfalten, auf der Mitte des Umbruchs linsenförmig ein Loch schneiden. Das Herz aufklappen, mit der Schere bis etwa einen halben Zentimeter vor dem Rand längs der Umbruchfalte in beide Richtungen schneiden. Das Herz wieder zusammenfalten und vom Umbruch her schräge und parallele Schnitte bis etwa einen halben Zentimeter vor den Rand machen, die Schnitte liegen eineinhalb bis zwei Zentimeter auseinander. Das Herz umdrehen und zwischen diese Schnitte weitere Einschnitte setzen, wieder bis etwa einen halben Zentimeter vor den Rand.

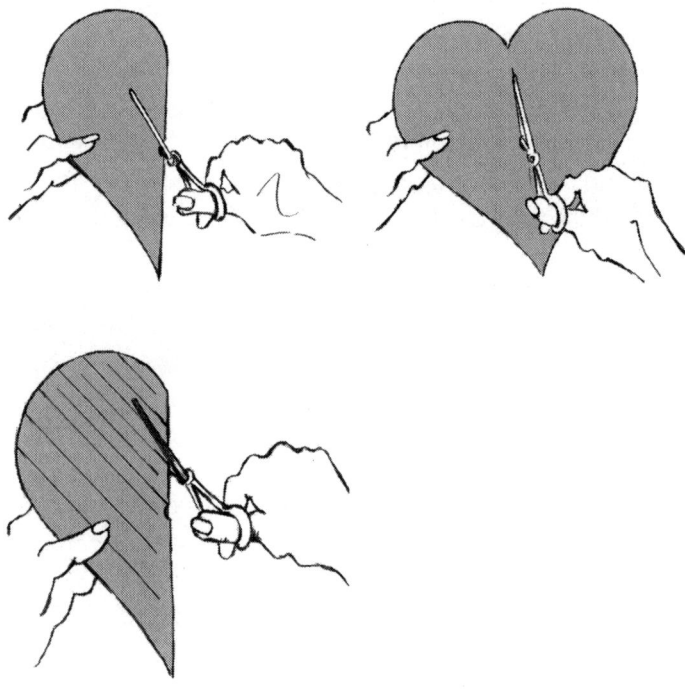

Das Herz noch zusammenhalten, beim Zauberpusten auseinanderziehen und dann das Paar durchsteigen lassen.

Variation 1: Für Geburtstag und Taufe ist das wachsende Herz ebenfalls ein schönes Zauberkunststück. Auch werden bei der „Herzvergrößerung" bei jedem Schnitt gute Wünsche und Taten gesammelt. Anschließend darf das Geburtstagskind durch das Herz steigen, oder das Taufkind wird mitsamt Taufkissen durch das Herz gereicht. Diese Aufgabe können Eltern oder Taufpaten übernehmen.

Bei der bayerischen Variation treten die Zauberinnen in Dirndln und die Zauberer in Lederhosen mit Trachtenhut auf. Sie haben aus schwarzem Tonpapier gestaltete Kirmesherzen an Kordeln um den Hals hängen. Auf die Herzen haben sie mit weißen Stiften die existentiellen Botschaften geschrieben, die wir alle kennen: „Du bist mein Schatzi", „Mein Herzilein", „Zuckerpuppe" und dergleichen mehr.

Schuhplattelnd oder schunkelnd treten die Zauberinnen und Zauberer zu volkstümlicher Musik auf.

„Servus mitanand, guednabend, joa, wir san die bayerische Gruppn, wir san ganz zünftig, wissen's, jeda von uns

suecht sich jetzt a Spotzl ausm Publikum aus und loßd dann sei Spotzl durch sein Herz steign, des, wos mia auf der Brust hobn. Klappt jetzt des, wett' ma – ha? Um wos soll ma wettn? Um oa Busserl oder um drei Busserl, wann mia des schaffn? Also gued, um drei Busserl. Geh – und wenn mas ned schaffn, no gibt's halt bloß a Trostbusserl".

Während des Schneiden singen oder sprechen die Zuschauer mit den Zauberern im Schunkelrhythmus: *„Holleradiri, des Herz wird größer gmacht, holleradiri, des Herz wird weit."*

Wenn alle Spotzln durchgestiegen sind, gibt's die drei Busserl und auf Kommando einen kräftigen, gemeinsamen Jodeljuchzer.

Variation 2: Wie die Herzen können in gleicher Weise auch einfache Postkarten oder Kalenderblätter mit themenbezogenen Motiven „wachsen".

Die Verwendung von rechteckigen Formaten wie bei einer Postkarte ist etwas einfacher, da die Schnitte gerade und meist etwa gleich lang sind. Das bietet sich für Kinder an, die im Schneiden noch nicht so sehr geübt sind.

13 Wann brauchen Familien Unterstützung?

Während meiner langjährigen Arbeit an einer Beratungsstelle für entwicklungsverzögerte Kinder habe ich oft erfahren, wie schwer es manchen Eltern fällt, professionelle Hilfe – rechtzeitig – in Anspruch zu nehmen. Viele Eltern glauben, sie müßten alle Konflikte, Krisen und Probleme alleine bewältigen, und merken dann oft nicht, wie sie mehr und mehr zu FörderInnen und NachhilfelehrerInnen und TherapeutInnen werden. Sie haben dann eine stark veränderte Rolle in der Familie und fast immer ein Problem im Kopf. Im Vordergrund steht also nicht ein möglichst unbeschwertes, kooperatives Familienleben, sondern Schwierigkeiten, die sich übergewichtig auf alle Familienmitglieder negativ auswirken. Das eigene Kind wird in dieser Rollenverstrikkung fast immer mit der Brille des Fördervaters oder der Fördermutter gesehen. Leicht kann dann auch passieren, daß der Blick, wie oben (S. 62) beschrieben, hauptsächlich auf das gerichtet bleibt, was nicht gelingt.

Eltern und ihr Kind stehen dann unter Druck und haben häufig das Gefühl *„Ich bin nicht so, wie ich sein sollte und werde nicht so geliebt wie ich bin."* Die Beziehung zwischen Mutter/Vater und Kind verändert sich in die Richtung, daß ein starkes Ungleichgewicht zwischen Lehrendem und Lernendem entsteht. Das Zuhause ist auch Unterricht, dieser hört für das Kind also gar nicht mehr auf.

Sollten Sie, liebe Eltern, das Gefühl haben, oftmals mehr zu fördern als miteinander zu leben, sollten Sie viele Situationen erleben, in denen wenig Miteinander und Freude spürbar ist, holen Sie sich professionelle Hilfe!

Wenn Sie für einige Aufgaben Unterstützung in Form von professioneller Hilfe bekommen, wird der „ganz normale" Alltag, der ja oft schon schwer genug ist, etwas erleichtert.

Eine geeignete Hilfe ist die, bei der das Kind und Sie sich wohl und gut aufgehoben fühlen. Statt immer nur die Probleme im Blick zu behalten, ist es gut, wenn Sie Ihre Fähigkeiten erleben und für Ihr (gemeinsames) Leben Vorstellungen und Visionen entwickeln können, die positiv nach vorne gehen. So möchte ich Ihnen wirklich ans Herz legen, sich lösungsorientierte Hilfe von außen zu gönnen.

Pomponis neues Wunderland

Pomponi wandert unverwandt
durch seiner Künste Wunderland,
und seine rätselhaften Launen
erfüllen jedermann mit Staunen.

Für ihn jedoch, der permanent
die Wunder tut und längst schon kennt,
verblaßt allmählich mit den Jahren
der seltne Reiz des Wunderbaren.
Denn jedes Wunder, das geschieht,
wird stumpf, wenn man es täglich sieht.
Und schließlich wird es kurzerhand
als Wunder nicht mehr anerkannt.

Doch umgekehrt und andererseits
Entsteht dadurch ein neuer Reiz:
So sieht Pomponi seine Welt
nun plötzlich auf den Kopf gestellt.

Für ihn erscheint mit einem Male
das uns Alltägliche, Normale,
das zu bestaunen gar nicht lohnt,

höchst rätselhaft und ungewohnt,
da es aus seiner neuen Sicht
der Norm des Alltags nicht entspricht:

So findet er's verwunderlich,
verblüffend und absunderlich
und wie aus einer anderen Welt,
wenn eine Kugel runterfällt,
anstatt sich magisch zu erheben
und geisterhaft im Raum zu schweben.
Und auch beim Schneiden von Zitronen
erlebt Pomponi Sensationen,
wenn sich – vollkommen unbegründet -
kein Hundertmarkschein drin befindet.
Und jedes As, das nicht verschwindet
und auch nicht wandert …
und noch mehr
verblüfft ihn sehr.

Und so beweist Pomponi klar:
Die Welt ist rundum wunderbar.
Doch jedes Wunder, das geschieht,
hängt davon ab, wie man es sieht.

Dieter Ebel (1995, S. 109)

Vielleicht kann mein Buch Sie auch ermuntern, den Zauber im Alltag zu sehen. Wenn ich Sie dazu anregen konnte, mit Ihrer Familie oder mit Freundinnen und Freunden zu zaubern, freut mich das sehr, noch mehr wünsche ich Ihnen aber den Zauber im Herzen.

Er ermöglicht Ihnen, nicht nur das Müssen, Sollen und Brauchen zu sehen, sondern sich ganz bewußt dafür zu entscheiden, die zauberhaften Momente in Ihrem Leben zu sehen, zu sammeln und zu hüten.

14 Serviceteil

Weiterführende Literatur – eine Auswahl

1. Bücher mit Bastelkunststücken

Bliesener, Klaus: Zauberhafte Zaubertricks. Ravensburger Bastelbär. Ravensburg: Ravensburger Buchverlag Otto Maier GmbH 1988.

Hoffmann, Andreas: 77 Simsalabim Zauber- und Bastelspiele. In 5 Minuten die tollsten Spiele vorbereiten. Hrsg. v. Wolf Snack und Gebäck GmbH. Hamburg: Companions 1999.

Wegener, Claudia und Theissen, Petra: Echt verblüffend. Münster: Coppenrath 2000.

2. Hexen-, Zauberer- und Gruselbücher

Burnett, Lindy: Zauberhut und Drachenblut. Das phantastische Handbuch für kleine Hexen und Magier. München: arsEdition 2002.

Gillet, Sylvie: Wenn Monster feiern. Verkleiden, Rezepte, Basteleien. Saarbrücken: Fleurus Verlag 2000.

Preußler, Otfried: Die kleine Hexe. Stuttgart: Thienemann 1971.

Rowling, Joanne K.: Harry Potter und der Stein der Weisen. Hamburg: Carlsen 1999.

Rowling, Joanne K.: Harry Potter und die Kammer des Schreckens. Hamburg: Carlsen 1999.

Schwart, Theo: Bibi Blocksberg: Freitag der 13. München: Schneider 2002.

Schwart, Theo: Bibi Blocksberg: Schubia dreht durch. München: Schneider 2002.

Bezugshinweise

Die Puppen, mit denen ich bisher gearbeitet habe, (vgl. die Fotos) sind von „Folkmanis" und in gut sortierten Spielwarenläden erhältlich.

Alles für Grusel-, Gespenster- und Hexenparties, wie ein Spinnennetz oder Zahnlack, finden Sie in Theater-, Artistik-, Spiel- und Geschenkgeschäften oder in großen Kaufhäusern – ganz besonders zur Fastnachts- und neuerdings auch zur Halloweenzeit.

Verwendete Literatur

Adrion, Alexander: Die Kunst zu zaubern. Köln: DuMont 1978.

Bak, Jette und Ley, Hans-Henrik: Abrakadabra mit deinen Steinen. LEGO Bücher. Reinbek: Carlsen 1986.

Birkenbihl, Vera F.: Stroh im Kopf? Gebrauchsanleitung fürs Gehirn. Landsberg am Lech: mvg-Verlag 1993.

Ebel, Dieter: Pomponis neues Wunderland. In: Magie. Zeitschrift des Magischen Zirkels e.V. 63. Jahrgang, Heft 3, März 1995.

Hesse, Hermann: Worte des Zauberers. Freiburg im Breisgau: Herder 1999.

Hund, Wolfgang: Zauberhafte Mathematik. Berlin: Cornelsen 1999.

Kegan, Robert: Die Entwicklungsstufen des Selbst. Fortschritte und Krisen im menschlichen Leben. München: Peter Kindt Verlag 1991.

Michaelis, Rolf: Entwicklungsneurologie und Neuropädiatrie. Stuttgart: Hippokrates 1995.

Wehr, Marco/ Weinmann, Martin (Hrsg.): Die Hand. Werkzeug des Geistes. Heidelberg, Berlin: Spektrum Akademischer Verlag 1999.

Zauberer Hardy: Taschen Quiz für Helle Kids. München: arsEdition 1999.

Dankesworte

Ich möchte allen danken, die zum Entstehen dieses Buches beigetragen haben. Dazu gehören alle, die mir auf meinem Weg zu einer hypnotherapeutischen Haltung Anregungen und Hilfen gegeben haben. Dr. Gunther Schmidt, bei dem ich für mein berufliches und privates Leben die Verwandlung der Sichtweise vom „halbleeren" zum „halbvollen" Glas gelernt habe und Bernhard Trenkle und Prof. Dr. Siegfried Mrochen, die mir durch ihre Offenheit und ihr Interesse Mut machten, meine Ideen zu verwirklichen.

Ich danke der Zauberkunst und allen „Zauberlehrlingen", mit denen ich gearbeitet habe und deren Fotos ich verwenden durfte. Die im Buch aufgeführten Zauberkunststücke basieren auf traditionellen Trickhandlungen von teilweise nicht mehr bekannten Urhebern, deren Erfindungsreichtum heute immer noch wirkt.

Dank auch an Doris Nunninger, die mir nicht nur ein telefonfreies Arbeitszimmer, sondern auch ein immer offenes Ohr anbot. Lea-Theres, Katharina und ihre Mutter Karoline ließen sich auf einen ungewöhnlichen Fototermin ein und spielten zauberhaft Geburtstag. Ebenso unterstützte mich meine Freundin Elisabeth, indem sie die schwere Aufgabe bewältigte, ihren Partner Lothar und Sohn Janiko samt Freunden für das Zauberkunststück *Spektakel um vier unsichtbare Stühle* zu terminieren.

Dank auch an Dr. Manfred Prior und Traud Finger für positive Suggestionen und zur Strukturierung meiner kreativen Ideen. Beate Hugenschmid hinterfragte als erste Leserin und Heilpädagogin Ideen und Formulierungen und half mir dabei, meine ganz praktische, handelnde, lebendige Arbeit auf das trockene Papier zu bringen. Dr. Heinz Beyer vom

Verlag Klett-Cotta danke ich für die gute Zusammenarbeit, für wertvolle Tips und Anregungen und Christa Berger für die schönen Zeichnungen. Petra Glück-Scherbaum möchte ich besonders danken für ihr äußerst aufmerksames Lesen und ihre konstruktiven Vorschläge, die halfen, das Buch übersichtlicher zu gestalten.

Die im Buch veröffentlichten Fotos wurden fotografiert von: Anne Caffier, Karoline Erdmann, Alexandra Fromm, Maike Müller und Manuel Sanchez.

Wenn Sie noch mehr zauberhaft präsentierte Zauberkunststücke erlernen möchten und Ihr Zauberwissen vertiefen und erweitern wollen, finden Sie in meinem Lehrbuch *Mit Feengeist und Zauberpuste – Zauberhaftes Arbeiten in Pädagogik und Therapie* (Freiburg: Lambertus 2000) noch ganz viele einfache und auch etwas schwierigere Zauberkunststücke sowie ganz konkrete Hilfen für das Planen und Durchführen von zauberhaften Aktivitäten in pädagogisch-therapeutischen Arbeitsfeldern.

Allen PädagogInnen und TherapeutInnen unter den Lesern, die einmal „live" in die Zauberatmosphäre eintauchen wollen, empfehle ich meine Zauberfortbildungen. Inhalte und Termine finden Sie unter: www.Therapeutisches-Zaubern.de oder schreiben Sie mir an die email-Adresse: neumeyer@Therapeutisches-Zaubern.de.

Vorlagen der Bildkarten zum Ausmalen, Fotokopieren oder Scannen

Auf den folgenden S. 156–160 sind Kopiervorlagen für die Bildkarten von S. 57/58.